I0837316

ŒUVRES POSTHUMES

DE

Champfleury

SALONS

1846-1851

INTRODUCTION PAR JULES TROUBAT

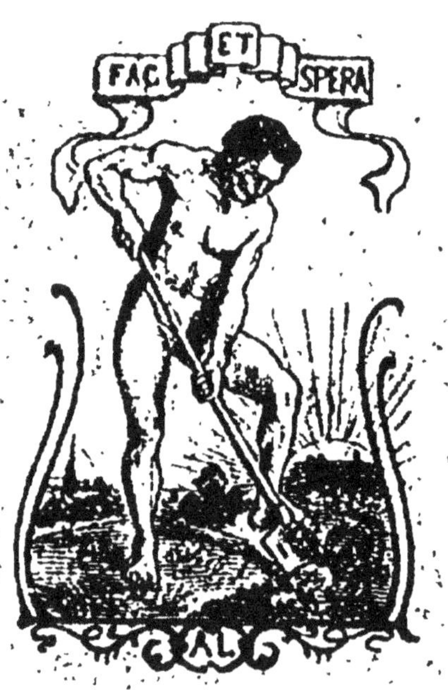

PARIS
ALPHONSE LEMERRE, ÉDITEUR
23-31, PASSAGE CHOISEUL, 23-31

M DCCC XCIV

ŒUVRES POSTHUMES

DE

Champfleury

ŒUVRES POSTHUMES

DE

Champfleury

SALONS

1846-1851

INTRODUCTION PAR JULES TROUBAT

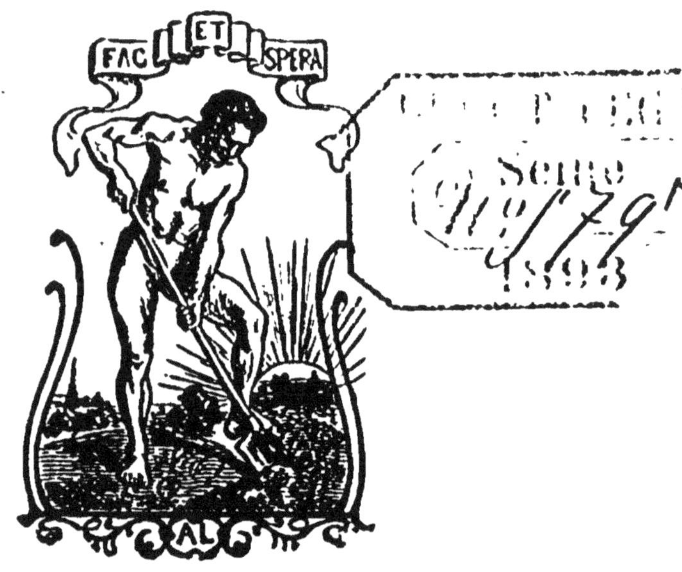

PARIS

ALPHONSE LEMERRE, ÉDITEUR

23-31, PASSAGE CHOISEUL, 23-31

M DCCC XCIV

UN HOFFMANN FRANÇAIS

Je serai long à arriver, mais j'arriverai; je soulèverai contre moi des inimitiés, des haines, des calomnies, je le sais, et c'est ce qui fait ma force. Ce que je dis tout haut, je l'imprimerai; je ne crains guère mes ennemis, mais je crains encore moins mes amis. »

Ces fières lignes, par lesquelles Champfleury préludait, dans les Aventures de Mademoiselle Mariette, *à une esthétique nouvelle, d'où est sorti le Réalisme, ont été l'épigraphe de sa vie entière. Il en a même tiré la de-*

*

vise de ses feuilletons du Messager de l'Assemblée, *en tête desquels il écrivait : « Ne craindre ni amis ni ennemis; » et où, en effet, il disait tout.*

Champfleury ne relèvera donc que de lui-même dans ces Salons *précurseurs et révolutionnaires, où il fait preuve, à vingt-cinq ans, de maturité et de convictions acquises. Son œil fin, parfois excessif, devance les temps. La vivacité de certaines attaques tient à un milieu libre, où l'on cherchait des voies en dehors des sentiers battus, des conventions, des vieilles écoles et du poncif.*

Il n'écrivait pas dans l'antichambre de l'Académie. La bohème, *dont Champfleury a redressé les côtés véridiques, enjolivés par Murger, avait un côté innocent et naïf, préservatif de toute corruption profonde, malgré ses apparences rouées, qui ressort même de la lecture de ces récits, arrangés par tranches, romans, souvenirs et portraits de jeunesse. Elle était en mal d'invention et de création, et ne connaissait véritablement d'autres intérêts — sauf la poursuite de la pièce de cent sous, indispensable à certaines heures — que ceux de l'Art. On y proclamait, comme le peuple qui salue la gloire, en dehors de toute coterie, Hugo, Balzac, Delacroix, dans le temps où ils étaient en pleine lutte et le plus contestés. Naturellement, on y conspuait leurs antipodes.*

Champfleury protestait encore, à soixante-un ans, contre la réponse de Célestin Nanteuil : « Il n'y a plus de jeunes gens! » *pour venir à la défense des* Burgraves, « *aussi malmenés que* Tancrède, *de Voltaire, par les polissons des petits journaux, qui tiraient sans respect leurs barbes blanches.* »

« *Autant dire, s'écrie l'ancien amant de Mlle Marielle, que ce coup d'éperon ramène de trente-huit ans en arrière et rajeunit, autant dire : l'herbe tendre ne pousse plus au printemps, les jolies filles ne sont plus émues des poursuites des garçons, les amandiers ne donnent plus de fleurs roses!...*

« *Les jeunes gens existaient en 1844 comme en 1882; ils étaient tout disposés à faire le coup de poing en faveur du maître...*

« *Qu'un mot eût circulé à l'hôtel César, tout un clan de futurs peintres, poëtes et romanciers fût descendu résolument pour acclamer les* Burgraves *à la Comédie-Française et* « *tomber* » *la* Lucrèce *à l'Odéon. Célestin Nanteuil ne connaissait pas cette jeunesse : découragé, il assistait à la débandade des meilleures troupes.* »

Champfleury ne témoignait pas d'autres remords d'avoir voté, dans sa jeunesse, la mort de la tragédie.

« *A l'apparition de la nébuleuse et chaste* Lucrèce, *dit-il comme s'il s'agissait d'un tableau de Cabanel, les municipaux balayèrent, à coups de crosse de fusil, un parterre hostile à la pluie de vers honnêtes marchant sentencieusement deux à deux. J'étais avec les perturbateurs, en compagnie de Murger, et un certain temps nous conservâmes des* bleus *que nous avaient octroyés avec férocité non seulement les gardes municipaux, mais des notaires, amis de la saine poésie, dont nous avions troublé les plaisirs en nous réfugiant dans leur baignoire. »*

Ces prétendus notaires étaient des amis du « sage monsieur Ponsard, » que l'auteur endiablé de Mariette *qualifie aussi de « notaire de Compiègne. »* Notaire, *c'était son mot; mais les notaires sont gens d'esprit, qui rient plutôt de ces* rapinades : *témoin celui de Laon, qui ne voulut pas se reconnaître dans* Le Secret de M. Ladureau.

Puisque, aussi bien, la Poésie et l'Art ont engendré le livre si savamment orné et ouvragé des Vignettes romantiques, *d'où sont extraits ces jugements, — dont Sèvres et les années n'avaient pas rassis l'auteur, — on est tenté de mettre en regard l'opinion d'un juge pondéré, qui s'efforçait de garder l'impartialité et de laisser, comme Claude Bernard, quand il entrait dans son laboratoire, toute prévention à la porte. Sainte-Beuve, qui ne paraît pas avoir eu la clef de ces tapages du parterre, bien qu'il les constate dans ses* Chroniques *de la* Revue Suisse, *tenait, en 1843, son ami Juste Olivier au courant du nouvel événement dramatique, qu'il n'appelait pas l'école du* bon sens, *mais dont il tirait des conclusions exclusivement littéraires :*

« ... *Si* Lucrèce *est classique, c'est d'un classique à faire trembler les perruques et les blondes têtes d'il y a vingt ans. Nos vieux académiciens, qui n'ont plus de mémoire, ne se doutent pas de cela, et en applaudissant le jeune auteur, ils se donnent une demi-paire de gants romantiques. Entre Corneille et Racine d'une part et* Lucrèce *de l'autre, il y a debout, de toute sa hauteur, André Chénier. C'est le malheur de ce nouveau petit Corneille.* Lucrèce *est l'avènement d'André Chénier au théâtre. Nos* jeunes *académiciens qui vont applaudir* Lucrèce *ne se doutent pas plus de cela que les vieux, tant il y a d'ignorance chez nos lettrés officiels sur notre poésie contemporaine : à part Lamartine et quelque chose de Hugo, ils n'ont rien lu. C'est à la lettre. Mais la jeunesse a lu, mais ceux qui ont fait le succès étaient au courant de ces travaux et disposés à accueillir ce style transporté à la scène, enfin, avec pureté et sans trop d'enflure.*

« *Régnier, Corneille et André Chénier, voilà les pères en style de cette pièce où il y a d'ailleurs bien des incorrections sans doute et des défauts... les personnages parlent longuement, en tirades, et sans couper le dialogue...* * »

* *Chroniques parisiennes* (1843-1845), par C.-A. Sainte-Beuve, Paris, Calmann Lévy, 1876, un vol. gr. in-18.

Champfleury préfère le ronron de son petit chat noir à celui de ces alexandrins; et il met peu à peu l'histoire de Mariette *à l'état concret dans ses* Salons *du* Corsaire Satan, *du* Pamphlet, *de la* Silhouette, *etc. Les personnages fictifs y deviennent des noms réels, et l'on y entend discuter le groupe qui, dans ce roman sincère et très esthétique, s'appelait Gérard (Champfleury), Streich (Murger), Giraud (Pierre Dupont), Thomas (Bonvin)... De Villers a sa place aujourd'hui au grand soleil en marbre blanc, — et l'on s'était dès longtemps pardonné les histoires de femmes auxquelles se trouvait mêlée la grande Pauline du roman... et de la réalité.*

Farces et Mélancolies *serait le titre qui conviendrait le mieux à un chapitre sur Champfleury, comme* Brumes et Rosées *est celui qu'il inventa pour caractériser Chintreuil. Si son ami Schanne avait un « harmonica dans le cœur, » lui il eut l'âme d'un violoncelle. Nul n'était plus fait pour comprendre Hoffmann et le traduire; leurs natures sont analogues : il est lui-même un Hoffmann français, et ce n'est pas trop le grandir, puisqu'en Allemagne, comme en France, les genres dans lesquels ils excellèrent se heurtent encore à des préjugés près des gens sérieux, qui ne sont pas assez pénétrés de cette pensée de Diderot qu'on peut avoir du génie en fabriquant des épingles. Eux n'étaient préoccupés que de* frivolités *qui intéressent les poètes, comme lui écrivait Victor Hugo.*

On sent l'esprit hoffmannesque dans les Trios des Chenizelles, *une de ses meilleures nouvelles, où se révèle avec une singulière délicatesse ce flair particulier que, tout jeune, il eut de la vie provinciale. On croirait lire une lettre de lui, dans les* Contes posthumes *d'Hoffmann, quand le conteur allemand écrit à son ami Hitzig : « Tu perds beaucoup de félicité à ne jouer aucun instrument. Ne le prends pas en mauvaise part. L'audition n'est rien du tout; les sons étrangers font entrer en toi des idées ou plutôt des sentiments muets; mais quand tu* exhales *des sensations individuelles, langue inarticulée du cœur, au moyen des sons de ton instrument, alors seulement tu sens ce que c'est que la musique. »*

Autre inspiration hoffmannesque : en 1879, un musicien, M. Boisseau, mit en musique la page si connue de Champfleury, Quatuor : *il composa et fit paraître, d'après cette fantaisie de poète, un* Quatuor pittoresque pour deux violons, alto et violoncelle, *agréable broderie, toute familière et intime, consciencieusement et amoureusement écrite, où chaque instrument tient le langage que Champfleury lui prête**.

Chacune de ses étapes étant marquée par un livre, les Souvenirs des Funambules *disent assez quelles*

* Dans le volume intitulé : *L'Usurier Blaizot* (Michel Lévy, 1858).

furent ses préoccupations en ces années-là. Encore une nouvelle perdue dans ce volume, Histoire de Madame d'Aigrizelles, *témoigne-t-elle d'un tout autre ordre d'idées. Comme il ne s'agit pas ici d'un spectacle de marionnettes, et que tout y est bien en chair et en os, on ne voit pas le fil qui rattache au théâtre de Deburau cet éloquent et poignant combat de la conscience contre l'amour, dans les tons de La Chaussée. Il y a peut-être un mystère resté dans la coulisse. L'auteur reconnait seulement, à la Table, que la nouvelle est du genre* gris. *Elle n'en fait que plus antithèse sur les paillettes de Colombine!*

De nos jours où tout se transforme, la pantomime est devenue drame, comédie, tout ce qu'on veut. Champfleury avait publié, dans la Vie Parisienne, *une chronique humoristique,* La Statue du Commandeur, *dont il voulait tuer la légende. Il fut déjà question, de son vivant, de la mettre en pantomime. Notre spirituel ami, Paul Eudel, s'en est chargé, et a fait revivre, l'hiver dernier, avec de la musique d'Adolphe David, le nom de Champfleury sur un théâtre, — non des* Funambules *(il n'y en a plus), — mais où l'on joue la pantomime accommodée au goût du jour. Le succès dura toute la saison dramatique.*

La jeunesse n'a qu'un temps. De nouvelles préoccupations assaillirent l'esprit inquiet de Champfleury; ses instincts de collectionneur le poussèrent vers d'autres études. Il se sentait attiré, a-t-il écrit, par le grotesque, *mais il le personnifiait dans ce génie de si vigoureuse portée, qui a le mieux prouvé en notre siècle que la plume n'est pas tout, Daumier, auquel est consacrée presque tout entière l'*Histoire de la Caricature moderne, — *au point que Cham s'en plaignit !*

Ces diverses Histoires de la Caricature *aux époques caractéristiques où elle a pris toute licence et l'*Histoire des Faïences patriotiques — *dédaignées par un cuistre de la* Revue des Deux-Mondes, *qui n'a pas compris l'importance de ces documents historiques, témoignages irréfutables de l'esprit d'un temps, — attestent au moins qu'il y a plusieurs façons d'être philosophe : on l'est (et c'est la plus facile) en faisant des abstractions. On l'est bien plus utilement en arrachant leur secret à des phénomènes où se manifeste la pensée d'un peuple, en étudiant attentivement, en observant de près, rapprochant et réunissant des produits typiques de telle ou telle génération, — lesquels bien triés, étiquetés, méthodiquement présentés, forment autant de branches de connaissances humaines, qui profitent à l'histoire et à la physiologie générale des races.*

Que de contemporains célèbres n'ont eu et n'auront de chance de revivre que par la caricature !

Champfleury atteignit en quinze ans le but qu'il

*s'était proposé. Son œuvre d'érudition artistique, commencée en 1865 par l'*Histoire de la Caricature antique, *se terminait en 1880 par l'*Histoire de la Caricature sous la Réforme et la Ligue. — Louis XIII à Louis XVI. *Dans l'intervalle, avaient paru la* Caricature au Moyen-Age, — *la* Caricature au Moyen-Age et sous la Renaissance, — *la* Caricature sous la République, l'Empire et la Restauration, — *la* Caricature moderne. — *En tout six volumes, qui eurent plusieurs editions.*

On arriverait à l'Institut avec moins que cela.

Champfleury leur donna un complément et une fin en 1888 par le Musée secret de la Caricature, *histoire de la Caricature à Constantinople et au Japon, où la* Danse de la Pluie *est une des plus jolies choses qui puissent se montrer... au Japon.*

Il a laissé plus d'œuvres durables qu'il n'a tenu de place encombrante. Il put, sans apostasie, transporter la faïence en plein Musée de Sèvres et mourir au milieu de la porcelaine officielle. Là encore il a montré son esprit de précision et de classification dans l'arrangement de ce musée, non moins méthodique, parlant et vivant que ses livres, et dont il suffit de suivre les rayons et les étiquettes pour lire dans l'histoire de la civilisation d'âge en âge et chez tous les peuples.

Il mourut à Sèvres, le 6 décembre 1889, entouré des

soins de deux amis, M. Albert Troude et M. Vogt, aujourd'hui l'un des administrateurs de la Manufacture. Il était né à Laon, qu'il a si souvent mis à contribution dans ses romans et nouvelles, le 17 septembre 1821.

Paul Eudel accepta d'organiser la vente de ses collections après décès, et il en fit précéder les catalogues de notices qui, tirées à part et rapprochées, forment une Biographie complète et bien renseignée. La page de la fin, celle des funérailles, cause une impression mélancolique et touchante, bien digne du cadre où l'on se trouvait. Champfleury avait désigné le lieu de sa sépulture.

En bronze, en marbre ou sous la pierre, le groupe de la rue des Canettes dort un peu partout; — des trois amis les plus accrédités auprès de la bohème, *Murger gît à Montmartre;* Schaunard *(Schanne), qui a laissé un volume de* Souvenirs *bon à consulter, est couché bourgeoisement au Père-Lachaise; Champfleury a voulu rester à Sèvres, dans le cimetière des Hautes-Bruyères. Il y repose près de sa femme et de sa fille.*

Le bonheur ne lui sourit pas longtemps. Lui qui avait l'esprit si gai, il n'éprouva que des deuils de famille. Sainte-Beuve fit cette observation sur notre ami, que bien qu'il n'aimât pas Proudhon à cause de ses paradoxes sur la littérature et les arts, il avait plus d'un point commun avec le démolisseur franc-comtois : notamment l'amour de la famille. Champfleury crut trouver la félicité dans le mariage : il n'en jouit pour ainsi dire pas. La catastrophe, la mort, d'autres infortunes créèrent de bonne heure l'isolement dans son foyer. Il semble qu'une providence, — celle des artistes, — en le privant successivement de toute joie d'intérieur, ait voulu lui faire expier ses autres dons, et le condamner à la vocation littéraire, sans partage. Il me prévint, dans la jeunesse, que « la littérature est un sacerdoce. » Il entendait par là qu'elle exigeait un absolu détachement de tout ce qui fait le bonheur de la vie bourgeoise. Elle le redevint pour lui, quand sa maison se trouva vide.

*Si l'humeur réglait la destinée, il eût mérité d'être heureux, — car il n'était pas de ceux dont on est tenté de regarder au chapeau s'ils ont un crêpe. Ses farces funambulesques, inoffensives ou piquantes, renaissaient sans cesse, à propos de tout. Il se rencontre encore des esprits moroses pour méconnaître cette nature joyeuse. Il était plutôt bon, tendre, humain, compatissant, avec une grande douceur dans la voix et dans le caractère. Sa vie ressemblait à ses livres. C'est encore Sainte-Beuve qui a dit de lui : « Champfleury ne croit pas que ce soit une supériorité en littérature que d'être cruel, inhumain et dépravé**. »*

* *Les Cahiers de Sainte-Beuve*, Paris, Alphonse Lemerre, 1876, 1 vol. gr. in-18.

Un détail qui rattache notre Avant-Propos aux Salons *posthumes de Champfleury, c'est que son portrait, par Courbet, appartient actuellement au Louvre, auquel il l'a légué.*

Les Œuvres posthumes, *dont faisaient partie ces* Salons, *furent vendues en l'étude de Me d'Hardiviller, notaire, le 27 novembre 1891. Elles échurent à deux mais, MM. Paul Brenot et Paul Eudel. M. Brenot eut les Salons dans l'un de ses lots. Il a eu la main heureuse. A la chaleur qui se communiquait de vieux journaux annotés, couverts de retouches, — mais non de* repentirs, — *il a compris qu'il n'y avait pas de fumée sans feu. Les* Salons *de Champfleury, commencés en 1846, portent encore l'odeur de la poudre; ils peuvent manquer d'impartialité; ils soiit de parti pris et systématiques; mais ils ont le mérite de pressentir, pendant la bataille, ce qui devait sortir victorieux de la mêlée ou mordre la poussière. Ils sonnaient d'avance l'hallali de la postérité. Loin de tourner en paille comme de vieux vins qui meurent derrière les fagots, leur malice primesautière et leur sincérité première les ont préservés de toute déperdition. Il y renait tout un passé glorieux, — commentaire animé de ces trophées qui s'enroulent autour de la Colonne de la Grande Armée de l'Art, témoignant des luttes où a succombé la médiocrité. Les statues seules des héros qui ont survécu et qui resteront resplendissent.*

Champfleury n'embrasse que la cause des forts qu'il reconnait à des signes certains, et qui étaient contestés à l'époque.

Ce livre est un monument élevé à Delacroix.

Corot, Rousseau, Daumier, Bonvin, Courbet, Préault y ont, chacun, l'une de ces places d'honneur où Champfleury, toujours militant, fera monter, entre quatre autres, le médaillon de Wagner, dans son livre de 1861, Grandes Figures d'hier et d'aujourd'hui.

Car ce n'est pas seulement en peinture que son flair précurseur a triomphé de nos jours.

Il sonnait le premier coup de cloche wagnérien dans une brochure qui ne sent pas moins la poudre que ses Salons, *lorsque le compositeur allemand, qui n'était encore que célèbre... et inconnu en France, donna son concert au Théâtre-Italien, le 27 janvier 1860. J'assistai, le mois suivant, avec Champfleury, à l'une des répétitions de* Tannhauser, *à l'Opéra de la rue Le Peletier, et, enfin, nous étions là, le jour de la grande bataille, avec Schanne et Duranty, acclamant de la voix et du geste la musique de l'avenir.*

Champfleury remporta, de ces soirées orageuses et tumultueuses, — non plus des bleus *comme à* Lucrèce, *— mais un enrouement qui dura plusieurs mois.*

On oublie trop, on a intérêt à oublier que seul, alors, dans la presse, il soutint la lutte.

Mais n'a-t-il pas écrit, à propos d'un autre :

« La jeunesse a une tendance à laisser dans l'ombre les hommes qui lui ont prêté l'appui de leur doctrine; parfois même elle les traite avec une pitié méprisante, voulant faire croire qu'un système nouveau est sorti tout entier de sa cervelle. Cela s'est vu à toutes les époques et dans toutes les écoles? »

JULES TROUBAT.

8 février 1893.

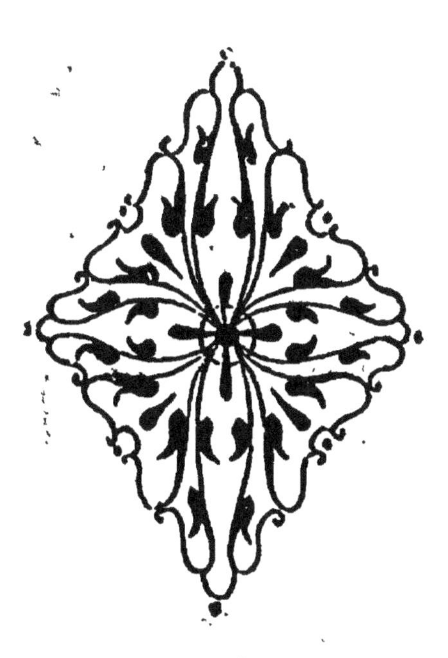

SALON DE 1846

SALON DE 1846*

I

MM. VERNET, ARY SCHEFFER, DELACROIX.

Monsieur Horace Vernet passe pour faire de la peinture *spirituelle,* un de ces mots tout faits qui vont merveilleusement aux esprits étroits. On peut expliquer la peinture de M. Horace Vernet par des semblables : le *Postillon de Longjumeau* en musique, et les romans

* Ce *Salon* de 1846 paraissait dans le *Corsaire Satan.*

intéressants en littérature. La foule n'aime pas à travailler pour jouir; elle demande la jouissance à priori. La peinture de M. Horace Vernet est si simple, si facile, si peu travaillée, qu'elle est comprise à la première vue. Mais elle a les défauts des romans-feuilletons, il est impossible de la relire.

M. Horace Vernet a gaspillé son talent à courir la popularité. Ses œuvres sont là pour le condamner, ses œuvres qu'on peut diviser en trois catégories : 1° Peinture-Anecdote, 2° Peinture-Bible, 3° Peinture-Napoléon.

Le *Chien du Régiment*, le *Trompette blessé*, l'*Intérieur d'atelier*, la *Barrière de Clichy*, la *Dernière Cartouche* et mille autres firent un nom à M. Horace Vernet, alors que le tableau *de genre* n'était encore qu'à son enfance. Ces peintures à épisodes, qui font rire d'un œil et pleurer de l'autre, allèchent singulièrement le public.

Le tableau-bible consiste à choisir les passages bibliques les plus *nus* et à les quasi vêtir de costumes arabes brillants. Ces tableaux, commandés par la maison Rittner, ont servi à alimenter la gravure à la *manière noire*, funeste manière qui a infesté la France de ses produits. Les vieillards des orchestres raffolent de ces sujets-bible, gravés par Jazet. Quelques-uns les font colorier, — raffinement de sensualité!

Napoléon, rien que de nom, a rapporté des milliards à ceux qui ont eu l'heureuse idée de l'écrire, de le peindre, de le mettre en scène. Témoins Horace Vernet, le Cirque, M. Thiers et M. Marco. Versailles, les bourgeois, les grognards et les vaudevillistes chauvins n'ont-ils pas voulu avoir chacun son tableau, son dessin, sa gravure, son image d'après Horace?

Aujourd'hui que la France ne peut guère offrir à son peintre ordinaire de batailles que les succès négatifs remportés en Afrique, M. Vernet a été camper sa tente à Constantine et à Isly. Les trois tableaux de la prise de Constantine, qui occupaient, il y a cinq ou six ans, trois côtés du Salon Carré, impressionnèrent beaucoup la foule. Il faut dire, à la louange de M. Vernet, qu'il s'était tiré merveilleusement de certains mauvais pas qui sont d'ordinaire les écueils de la peinture, qu'il avait peint sans trop d'uniformité l'uniforme déplaisant des soldats. Par extraordinaire, il y avait du mouvement sur cette grande toile. L'an passé, la Bataille de la Smalah fit courir au Louvre Paris et la banlieue. Cet immense tableau, qui n'était en réalité qu'un panorama, obtint les honneurs du Salon. On y retrouvait sur une grande échelle toutes les qualités et tous les défauts de M. Horace Vernet.

Comment se fait-il donc que la bataille d'Isly ne semble pas obtenir aujourd'hui les mêmes sympathies de la foule? Cependant M. Vernet n'a pas changé sa manière. Il a semé de côté et d'autres des épisodes qui ne manquent jamais leur effet. De plus, on a ajouté au bas du tableau de petits portraits au crayon avec le nom des principaux personnages: le colonel Jusuf, le général Lamoricière, le colonel Cavaignac, le maréchal Bugeaud, le maréchal des logis Gérard blessé, qui devraient être des éléments de succès. La foule passe comme s'il s'agissait d'un portrait officiel; l'on ne voit plus de ces groupes nombreux stationnant au milieu du Salon Carré, discutant sans réserves. Serait-ce que nos affaires récentes d'Afrique ont cessé d'exciter la curiosité? Serait-ce que l'on serait fatigué de la conquête d'Afrique? — Non. Horace Vernet éprouve une diminution de popularité, en raison de la diminution de sa toile. La Bataille d'Isly est trop petite en comparaison de la Prise de la Smalah. Il avait couvert de peinture une toile immense. Il devait reparaître cette année avec un tableau plus grand encore. Quand on veut conserver la popularité, il faut savoir descendre jusqu'à la popularité.

Avant l'ouverture du Salon, chacun s'est écrié avec enthousiasme : « M. Ary Scheffer envoie cette année. » Cette curiosité était naturelle. M. Scheffer, qui s'est fait un grand renom par ses traductions en peinture de Gœthe, n'avait rien laissé sortir de son atelier depuis quelques années. M. Ary a un frère nommé Henry, portraitiste et inventeur d'un genre vertueux, mêlé de Werther et de Diderot, de Greuze et d'Henry Berthoud. Ce frère a la mauvaise habitude de peindre ses tableaux avec de la cendre délayée dans de l'huile.

Or, grand fut l'étonnement à la vue des tableaux de M. Ary Scheffer. Il n'était resté cinq ans dans la solitude que pour s'inspirer de la couleur de son frère Henry. — Pour les sujets, ils sont toujours les mêmes : *Faust et Marguerite au jardin,* d'après Gœthe; *Faust au sabbat,* d'après Gœthe; l'*Enfant charitable,* d'après Gœthe.

Cette peinture pâle et maladive, où les personnages semblent des ombres plutôt que des vivants, se définit généralement : peinture de *sentiment*. Les admirateurs de M. Ary Scheffer ne disent pas devant ses tableaux : « Cela est bien dessiné, » ou : « Cela est bien peint; » ils s'écrient tous : « Le sentiment! » Ils se pâment à cause du sentiment; ce sentiment pourrait bien n'être que de la *sentimentalerie*.

M. Scheffer, en s'appropriant les principales figures de Gœthe, dissimulait par là son impuissance. Il donna de son propre fonds un grain de mélancolie et aux deux Mignon de Wilhem Meister, et au Faust, et à Marguerite, et au Roi de Thulé. Là-dessus, tout le monde de s'enthousiasmer, croyant voir un tableau poétique de M. Ary Scheffer, tandis qu'on se ressouvenait qu'on voyait et qu'on relisait mentalement les œuvres du grand Gœthe.

Pour mieux faire comprendre mon idée, M. Ary Scheffer a eu l'adresse de monter sur les épaules de Gœthe, et la foule n'a pas vu sa monture, elle n'a vu que la tête du peintre qui dominait... Ce qui prouve bien que le sentiment n'existe chez M. Scheffer qu'avec la collaboration de Gœthe, c'est qu'il est absent de ses tableaux religieux. Le *Christ portant la Croix* pourrait être signé d'Henry Scheffer. Le *Christ et les Saintes Femmes* n'a pas le cachet de désolation profonde désirable; il a un cachet *malheureux* et moribond.

Le livret du Salon donne l'explication des tendances de M. Ary Scheffer. Le peintre a eu la prétention de rendre ce passage de saint Augustin : « Nous étions seuls dans l'oubli du passé, dévorant l'horizon de l'avenir. Nous cherchions entre nous, en présence de la vérité que vous êtes, quelle sera pour les saints cette vie éternelle que l'œil n'a pas vue, que l'oreille n'a pas entendue, et où n'atteint pas le cœur de l'homme. »

Un musicien à idées avait emmené traîtreusement un journaliste à la répétition d'un de ses concerts. Le journaliste entend des assauts de trombones, de trompettes (l'orage), puis un hautbois seul (la nature se calme), puis des *tremolos* de clarinettes (un troupeau de moutons).

« Eh bien, mon cher, dit le musicien, comprends-tu?

— Ma foi, dit l'autre, assez embarrassé, je désirerais entendre une seconde fois.

— Comment, tu n'as pas vu le ciel serein, les nuages blancs et un oiseau bleu?...

— N'avait-il pas la queue rouge? » dit l'autre par goguenardise.

L'idéal du passage de saint Augustin est aussi intraduisible par le pinceau que l'oiseau bleu à queue rouge. M. Scheffer croit pouvoir rendre le vague et l'insaisissable en peinture, et il ne réussit qu'à peindre des gens souffreteux, aux yeux caves, bons à envoyer à l'hôpital. Son portrait de M. de Lamennais est dans le même sentiment. Le grand écrivain est pâle, inquiet, fiévreux, la tête baissée, les mains croisées. On pourrait croire que sa renommée lui pèse, ou qu'il est plongé dans des réflexions pénibles, — sur ses mains qui ont un singulier caractère de désarticulation. (Voir le pouce de la main droite.)

En somme, la rentrée de M. Ary Scheffer n'a pas eu de succès. Il a perdu le peu de poésie qu'il jetait d'une main avare dans ses tableaux d'autrefois. Mieux valait encore essayer d'imiter M. Eugène Delacroix, comme dans les *Femmes Souliotes,* du Musée du Luxembourg, que de copier la triste et lamentable manière de M. Henry Scheffer.

Un critique, tout en donnant de grands éloges à M. Scheffer, avoue que ce peintre cherche son succès « dans la *métaphysique,* partout, excepté dans le progrès technique de la peinture. » Qu'avons-nous besoin de métaphysique en peinture?

C'est poussé par les mêmes doctrines antipicturales que M. Desouches a publié un livre intitulé :

LA PEINTURE PRÉCEPTEUR MORAL

Encore si l'idée était neuve; mais ce n'est tout simplement que du Diderot délayé. — M. Desouches aura lu dans la correspondance avec Grimm : « Rendre la vertu aimable, le vice odieux, voilà le projet de tout honnête homme qui prend la plume, le pinceau ou le ciseau. » Et il a paraphrasé ce passage. M. Desouches, après avoir tracé en peu de mots l'histoire générale de la peinture, en arrive à Greuze, qu'il pose comme le premier moraliste des temps passés, présents et futurs. Malheureusement, Greuze *précepteur moral* est encore un des *dadas* favoris de Diderot; et voilà que M. Desouches monte aussi sur ce malheureux dada, qui a bien assez d'un cavalier, et que cette nouvelle surcharge va rendre poussif à tout jamais. Voyons où l'a mené ce dada esquinté. A indiquer aux peintres le sujet suivant, qui serait intitulé l'*Égoïsme*. Une femme jeune est entourée de ses enfants qui font le siège de son fauteuil pour la caresser. « Le père entre et s'arrête *dans un saisissement de joie inouïe*. Il arrive de la chasse; une de ses mains tient par le canon son fusil dont la crosse, *comme une espèce de point d'admiration*, vient de frapper la terre. A ses côtés, deux chiens aboient de joie, *car ils sentent le bonheur de cette scène*. Le carlin, caché sous le fauteuil, se mêle aux ébats. »

M. Desouches prétend que tout cela « est bruyant de satisfaction, ravissant d'images, palpitant de bonheur, ruisselant de vie »; il me permettra sans doute de n'être pas de son avis. Mais où est l'*égoïsme* dans cette famille? « Seul, un vieux chat, accroupi sur un tabouret, tourne le dos à ce *poème* d'allégresse et dort comme un hideux égoïste. »

Sans doute M. Desouches est rempli des intentions les plus pures; son livre est celui d'un honnête homme; mais l'honnêteté ne suffit pas. Si l'auteur de *La Peinture précepteur moral* veut m'en croire, il laissera Greuze et sa morale et il ira voir au Salon un vrai poème, non pas d'allégresse, mais de douleur. Marguerite est à l'église, agenouillée sur son banc, la tête courbée sous la voix du mauvais esprit qui lui rappelle les temps où elle était jeune et pure, les temps où sa vieille mère filait à son rouet, les temps où son frère Valentin vivait encore. Le chœur chante le *Dies iræ*, musique implacable qui condamne les coupables. « Ah! s'écrie Marguerite, il me semble que cet orgue m'étouffe, ces chants déchirent profondément mon cœur... Dans quelle angoisse je suis! ces piliers me pressent, cette voûte m'écrase... De l'air! »

C'est là de la peinture que cette toile de M. Eugène Delacroix. De la grande peinture dans un petit cadre. Marguerite ne ressemble guère aux *Margarethe* de M. Ary Scheffer. C'est une femme brisée par l'amour, belle encore, et qui, au sortir de l'église, ira noyer ses chagrins dans les bras de son amant.

Quoique M. Delacroix se soit souvent inspiré de Gœthe et de Shakespeare, il faut bien prendre garde de lui appliquer les mêmes critiques que je fais à M. Scheffer, par rapport au choix de ses sujets. M. Scheffer, cherchant son succès dans la métaphysique, partout, excepté dans la partie technique de la peinture, est un peintre-littérateur. Au contraire, M. Eugène Delacroix est peintre avant tout. Il ne prend pas ses brosses en s'écriant : « Je vais faire de la poésie. » Il peint. La poésie jaillira toujours de ses tableaux, par la raison qu'il ne s'en préoccupe pas, et qu'il laisse ce soin à sa couleur.

Ainsi, se peut-il rien voir de plus simple que ses *Adieux de Roméo et Juliette?* Sur le balcon, les deux amants se tiennent étroitement embrassés. On voit qu'ils veulent se séparer et qu'ils viennent encore une fois fondre en un leurs deux corps... La nuit a fait place à l'aurore; l'horizon d'un ton violacé, coupé par des nuages verdâtres, ajoute au mélancolisme de la scène. Dans certains tableaux, comme dans celui-ci, M. Delacroix sait voiler sa couleur si brillante et semble lui mettre un crêpe. Il la remplace par une autre qualité qu'il a développée au plus haut degré : l'harmonie. Un tableau de M. Ingres, avec sa simplicité de tons qui n'est que de la sécheresse, ne sera jamais harmonieux comme un tableau de M. Delacroix, jetant sur la toile tous les trésors de sa palette.

On peut s'en convaincre par l'*Enlèvement de Rebecca,* emprunté à l'*Ivanhoé* de Walter Scott. Tout le monde connaît ce sujet, que M. Cogniet a déjà peint avec toute l'*honnêteté* possible. Les deux esclaves africains posent sur un cheval impatient Rebecca évanouie. Boisguilbert, le cynique templier, veille par lui-même à l'exécution de ses ordres. Dans le lointain brillent les flammes qui, après avoir dévoré l'intérieur du château, cherchent une issue au dehors. La couleur générale est cruelle; il y a dans l'air du feu et du sang.

J'ai vu dans la semaine quelques bourgeois, effrayés de cette fière peinture, *discuter* le *dessin* de M. Delacroix. Cette opinion a longtemps parcouru le monde. Il est inutile d'expliquer ce dessin aux bourgeois têtus qui sont très heureux d'avoir une opinion. Ce qui m'a le plus étonné, ç'a été d'entendre, le dimanche, au Salon, le peuple très préoccupé de M. Delacroix. Horace Vernet n'est pas plus populaire. Un invalide disait à un de ses camarades, en lui montrant la signature : « *C'est notre premier peintre.* »

Un marchand de vins, gros et brutal, tenant deux petits garçons par la main, était arrêté depuis longtemps devant *Roméo et Juliette*. « Regardez-moi cela, » leur disait-il avec un ton de voix très admiratif.

Les petits garçons répondirent qu'ils aimaient mieux une *Fleur-de-Marie* quelconque, qui était près de là.

« Ah! vous aimez mieux le vernis. (Il voulait dire le brillant.) Mais le vernis ne fait pas le peintre. »

Cette conversation ne prouve-t-elle pas que le peuple vaut mieux que le bourgeois, en ce sens qu'on lui a dit : « Delacroix est un grand peintre! » et qu'il le croit fermement? Le bourgeois, qui a le sentiment artistique moins développé encore que le peuple, a de plus la manie de discuter. Il espère prouver par là qu'il *sait*. Il s'écrie : « Delacroix ne sait pas dessiner. » Et comme il ne peut pas comprendre cette peinture, il se sauve, il a peur. J'ai entendu un monsieur en cravate blanche dire que Delacroix était un *garçon boucher*.

Non seulement M. Delacroix est infatigable, mais il est en progrès tous les jours. Les détracteurs les plus violents peuvent aller voir le plafond qu'il vient de peindre dans la bibliothèque de la Chambre des pairs. M. Delacroix, qui a été attaqué avec ardeur depuis 1824, depuis vingt et une années, peut montrer aujourd'hui avec orgueil son plafond de Dante et

Virgile aux Champs Élysées. Il est impossible de rendre cet immense chef-d'œuvre par l'analyse ou la critique.

Je trouve dans un poète allemand, Ludwig Tieck, un passage en harmonie avec la nouvelle œuvre de M. Delacroix :

« Ils virent les grands poètes de l'antiquité et causèrent avec eux. Ils en trouvèrent beaucoup dans ces allées vertes et boisées, entre les rochers et les fleurs, près de fontaines murmurantes et de ruisseaux qui fuient, ou bien sur les hauteurs de la montagne; et tous chantaient ou composaient en silence. Des nymphes gracieuses et de charmantes jeunes filles les accompagnaient, prenaient soin d'eux ou les égayaient de leurs douces plaisanteries. La musique la plus suave retentissait dans la forêt, où de tendres zéphyrs se berçaient en murmurant, et l'écho et les rossignols répondaient à ces chants. »

Malheureusement, ce plafond n'est pas encore accessible au public. Seuls, MM. les pairs en ont la jouissance, et peuvent se délasser des ennuis de la Chambre en contemplant cette page grandiose qui leur donne un avant-goût du paradis profane.

Dans la même bibliothèque sont des panneaux peints par M. Riesener, qui est trop près du maître pour ne pas être éclipsé. — M. Riesener avait envoyé au Salon : il a été refusé.

Je n'ai pas l'intention d'attaquer le jury. D'autres prennent assez ce soin. Cependant, voici ce qui se passa pour le tableau de M. Riesener. M. Fontaine, membre de l'Institut, architecte préposé aux embellissements de la place du Carrousel, termina une discussion qui s'était élevée au sujet de ce tableau, en disant :

« Messieurs, je vous abandonne la couleur, je ne m'y connais pas. Pour le dessin, c'est autre chose, je suis architecte... Ce tableau est t[illegible] mal dessiné. Refusé. Passons à un autre. »

M. Riesener est averti. Qu'il étudie désormais le dessin — d'architecte!

24 mars 1846.

II

MM. CHENAVARD, DEBON, LEHMANN, PAPETY, GLAIZE, FLERS, etc.

Monsieur Chenavard a eu beaucoup de courage en exposant l'*Enfer*. M. Chenavard passe pour faire et défaire les réputations littéraires. Or les réputations défaites ont belle l'occasion de se venger... Cependant on a peur. La presse critique l'*Enfer* à côté; quelques gens de lettres, plus d'une fois passés par les fourches caudines du roi du Divan, louent le tableau bien haut et le mordent à belles dents bien bas. On a fait à ce propos une multitude de mots plus ou moins spirituels. M. Chenavard sera peut-être curieux de les connaître.

M. X. a dit : « C'est un peintre qui prendra sa revanche — au Divan Lepelletier. »

Un second détracteur prétendait que l'*Enfer* était une réduction du *Jugement dernier*. Je crois qu'il n'y a pas de plagiat; mais l'aspect général du tableau, la façon de grouper, la couleur font penser tout de suite à Michel-Ange. L'*Enfer* est une œuvre sérieuse, où l'on sent que la fréquentation des œuvres de Michel-Ange a mené M. Chenavard plus loin qu'il ne l'a voulu.

On accuse encore M. Chenavard de bien des crimes : 1° d'avoir fait un mauvais tableau; 2° de ne travailler jamais; 3° d'empêcher les autres de travailler, d'où le surnom de *Décourageateur Ier*. Ainsi M. Gleyre serait un grand peintre, si MM. Chenavard et Gustave Planche n'existaient pas; ainsi M. Gleyre aurait exposé sans l'intervention de ces deux artistes. Voici comment la chose se conte : M. Gleyre prépare ses brosses, fait la toilette de sa palette et se dispose à peindre. MM. Chenavard et Planche arrivent dans l'atelier et s'écrient : « Pourquoi travailler pour ce siècle idiot? A quoi bon la gloire au XIXe siècle? » etc., etc. Lors, M. Gleyre *découragé* va se promener, fait des théories et ne peint plus. Cependant j'ai entendu d'autres versions. Quand un peintre demande des conseils à M. Chenavard, il les donne, mais franchement, et il ne dit pas au peintre : « Ceci est très bien! » pour dire en sortant : « Ceci est très mauvais! » comme l'on fait d'habitude. Pour semer la vérité, doit-on être traité de *Décourageateur?* Je laisse aux intelligents le soin de prononcer en matières aussi graves, et je constate qu'un seul modeste journal, la *Censure,* a déploré la non-exposition de M. Gleyre en s'écriant : « *Son âme, si forte et si fière,* n'a-t-elle pas été satisfaite de son succès de l'an dernier? » M. Debon est dans le même cas que M. Chenavard : c'est un peintre consciencieux qui manque d'originalité. En d'autres temps, ce serait un grave reproche; aujourd'hui, ce n'est presque rien. — Le Salon de 1846 n'est rempli que d'imitateurs. Le *Concert dans l'Atelier* est de la grosse peinture, ferme comme la gorge d'une paysanne picarde et agréable au possible à l'œil. On pense tout de suite aux chevaliers de hasard du Valentin, qui passent leur temps à chanter et à boire. Cependant les personnages de M. Debon sont moins farouches et moins sombres. A gauche, un grave personnage en fraise et vêtement noir dépose son violon pour goûter un certain vin jaune très appétissant; la cantatrice, une grosse dame, fort voyante à cause de son habit de velours nacarat, continue la musique sans s'inquiéter de l'accompagnement; derrière elle sans doute, le ténor à la mine amoureuse fait sa partie dans le concert. Une jeune belle fille timide chante, sans y mettre autant d'animation que la compagnie. Au fond est un peintre devant un chevalet.

Tout cela est gai, joyeux et plein de santé; mais on y retrouve trop de réminiscences de Jordaens. On peut s'inspirer plus mal! La jeune fille n'est pas dans la gamme physionomique de ses compagnons : c'est une belle fille d'aujourd'hui. Le personnage qui est à son chevalet est si petit qu'il paraît à deux lieues des figures du premier plan. Ces critiques minutieuses n'empêchent que le *Concert dans l'Atelier* ne soit de la vraie peinture, et une des rares toiles de cette année. M. Debon, dont le talent plein de force a quelque analogie avec celui de M. Daumas le sculpteur, a encore une petite toile, l'*Entrevue de Henri VIII et de François Ier*, qui contient les mêmes qualités.

Sans mettre d'ordre dans cette classification,

je parlerai d'abord des œuvres sérieuses; à ce titre, M. Henry Lehmann doit marcher en tête. M. Lehmann est l'enfant prodigue de M. Ingres : la famille ne tuera jamais le veau gras. M. Ingres a eu beaucoup de disciples, vrais saints Pierre de la peinture, qui ont renié leur maître, témoin M. Chassériau passé aujourd'hui dans le camp de M. Delacroix. Malgré les preuves incontestables de talent qu'ont données MM. Lehmann et Chassériau, ces changements de casaque indiquent une variabilité et un manque de parti pris qui rappellent la volage conduite des girouettes.

J'insiste surtout sur M. Chassériau, parce qu'il a crié trop vite : « Vive le roi! » et le lendemain : « Vive la ligue! » M. Lehmann a été moins brutal dans sa conduite; le public ne s'est pas aperçu de ses revirements de pinceaux, et il a eu le temps de s'habituer à sa nouvelle manière. M. Lehmann a envoyé six toiles : trois portraits, trois tableaux.

Les *Océanides* sont de beaucoup préférables à l'Hamlet et à l'Ophélia. Les quatre filles de l'Océan, groupées autour d'un rocher, pleurent sur le triste sort de Prométhée qu'on voit au fond, enchaîné sur une montagne aride. « Un nuage gonflé de larmes vient charger mes yeux à l'aspect de ton corps qui se dessèche sur la pierre et se consume dans ses nœuds d'airain. » Tel est le passage d'Eschyle dont s'est inspiré M. Lehmann. Si Prométhée pouvait voir les Océanides, — leurs beaux corps nus sortant à moitié de la mer, — son supplice n'existerait plus! Mais Jupiter et M. Lehmann sont inexorables : le malheureux enchaîné n'a pour compagnon d'infortunes que son triste rocher. Les Océanides se lamentent inutilement et ne montrent leurs formes calmes qu'au public. La critique, qui est plus implacable que le vautour de Prométhée, pourrait demander à M. Lehmann pour quel motif il agrandit outre mesure les paupières de ses Océanides. C'est un léger travers, car le sentiment douloureux ne s'accroît pas, et les larmes ont toujours coulé des yeux les plus étroits.

Pour l'Hamlet et l'Ophélia, quoique supérieures aux toiles de M. Scheffer, elles n'auront pas grand succès. L'Hamlet, d'un mauvais romantisme, réfléchit la tête baissée vers la terre. L'Ophélia, d'un romantisme moins coupable, réfléchit la tête levée vers le ciel. Ces deux personnages ont un aspect mouillé. L'Ophélia n'a rien de commun avec celle de Shakespeare. Malgré tout, il est bon de s'inquiéter des mains de l'Hamlet, qui valent mieux que tout le tableau. La robe d'Ophélia est une robe fort originale, non plus dans le sentiment du grand poète anglais.

M. Lehmann aurait agi prudemment en n'envoyant au Salon que ses Océanides et ses portraits. Tout le monde s'est arrêté, à la porte du Salon Carré, devant un portrait étrange que le livret désigne ainsi : 1155, *Portrait de Mme ****. Ce portrait est celui de Mme Alphonse Karr. Une belle tête sérieuse, de grands yeux bruns qui aspirent au ciel, des cheveux noirs à reflets bleuâtres encadrent la tête, et servent de repoussoir aux chairs blanches. Cette tête en méditation est appuyée sur un poing fermé, une attitude connue. L'habillement, quoique simple, est très heureux. C'est une des choses que M. Lehmann entend à merveille; ainsi se pouvait-il rien voir de plus original que l'ajustement de la princesse de Belgiojoso, un portrait curieux qui a été critiqué l'an dernier avec beaucoup d'aigreur?

Je me défie un peu de la ressemblance des portraits de M. Lehmann; aussi, à l'égard du nº 1151, ai-je relu le *Chemin le plus court,* qui ne contient malheureusement pas de description physique de l'héroïne.

Le portrait de Mme d'Agout semble dès l'abord une médaille romaine, peut-être parce qu'il est de profil et qu'il manque un peu d'animation; mais il faut s'avancer et ne pas regarder ce portrait à la légère, car il s'agit d'une œuvre consciencieuse. La physionomie est d'une grande pureté de lignes. M. Lehmann a dû s'estimer très heureux de trouver un pareil modèle. Les lèvres fines, minces et presque cruelles, témoignent ouvertement de l'intelligence de Mme d'Agout; devant cette peinture, M. Ingres retrouverait son élève. Devant l'Hamlet et l'Ophélia, M. Ingres pleurerait — suivant sa coutume.

« On appelle ordinairement Salon, écrivait M. de Roosmalen, fondateur de la société racinienne, la réunion de plusieurs tableaux. » Certes, M. Prudhomme n'eût pas mieux dit, et je m'empresse de reconnaître cette vérité vraie. Il y a cette année une immense réunion de beaucoup de tableaux, mais qui ne servent qu'à cacher les bons, vraies bottes de foin dissimulant les aiguilles. Les grandes toiles, *vulgo* grande peinture, sont loin d'être plaisantes.

M. Papety, un jeune talent que les phalanstériens ont détérioré, ne retrouvera pas le *Rêve de Bonheur* avec le *Solon* dictant ses lois. Le malheureux Solon, posé tragiquement, ressemble, par l'ajustement de son costume, à ces braves confidents de tragédies, dont la race va se perdant tous les jours. La statue de Minerve a l'air péniblement affectée d'être enveloppée d'une robe rouge, agaçante et crue comme de la viande à l'étal d'un boucher. Le second tableau, *Consolatrix Afflictorum,* nous afflige sans nous consoler. Le portrait de M. Vivenel vaut mieux, quoique conçu un peu prosaïquement : l'architecte travaille à son bureau ; les accessoires sont bien, ainsi la table, le tapis, l'encrier, la plume, *tout ce qu'il faut pour écrire.* Le prosaïsme vient sans doute du modèle, qui porte dans son bureau des guêtres jaunes, ce qui n'a jamais été d'un goût merveilleux.

M. Brune, qu'il est convenu d'appeler un peintre vénitien, a un *Meurtre de Caïn,* dont l'effet est vigoureux, mais qui n'a aucune similitude avec l'école vénitienne.

M. Glaize prit pendant un temps un masque de coloriste. Il fut chaudement accueilli à ses débuts ; le ministère lui a acheté un tableau pour le Luxembourg. L'*Acys et Galatée* de l'an passé eut un certain succès de nudité, mais le *Sang de Vénus* est moins réussi; aussi pourquoi s'inspirer de Demoustier, ce littérateur qui n'eut pas même le courage d'être franchement galant? Demoustier a égaré M. Glaize; mais saint Matthieu l'a mieux servi. L'*Étoile de Bethléem* est sinon un tableau complet, du moins offrant quelques bons détails.

La *Madeleine*, de M. Fernand Boissard, se pourrait prendre pour certains tableaux de M. Riesener, lesquels tableaux ressemblent parfois à des Delacroix au biberon.

Voici un nouveau nom, M. Louis Duveau, dont on a malheureusement exposé le tableau trop haut. Cependant, malgré l'élévation, qui appelle les lorgnettes, le *Lendemain d'une tempête* paraît être un tableau remarquable. Il y a sur toute la toile un grand cachet de désolation; les figures sont bien en harmonie. Au prochain remaniement des tableaux, espérons que M. Duveau sera mieux placé.

M. Leullier se plaît aux scènes de carnage et aux combats d'animaux. Tour à tour, nous avons vu le *Vengeur*, les *Chrétiens livrés aux bêtes* et *Daniel dans la fosse aux lions*. Le beau tableau du *Vengeur* devait-il mener M. Leullier au Daniel? C'est une peinture d'un ensemble jaune et froid, qui ressemble trop à de la rhubarbe. M. Leullier n'a pas été plus heureux dans sa *Promenade sur les lagunes;* on pourrait s'étonner à bon droit de voir au gouvernail une figure en draperie rouge, jouant de la contrebasse, qui est la copie exacte d'une des plus connues figures des Noces de Cana, de Paul Véronèse. Pour emprunter des personnages, il faudrait les chercher dans des œuvres moins célèbres.

J'aime mieux M. Ducornet, qui ne cache rien au public, et qui l'avertit tous les ans, en signatures de trois pouces, qu'il est *né sans bras.* Pourquoi exploiter les aberrations de la nature? M. Ducornet a le mérite de peindre honnêtement des portraits et des tableaux religieux qui ne restent guère dans son atelier. A cela, M. Ducornet répondra que s'il avait des bras comme tout le monde, le ministère ne lui ferait pas de commandes. Donc M. Ducornet a peut-être raison de signer : Né sans bras. Il est un axiome d'atelier qui prétend qu'on peint dans sa nature; — en partant de ce principe, les peintres petits se laisseraient rarement entraîner à dessiner de longues figures; par contre, les peintres de haute taille tendraient à exagérer la taille de leurs personnages. Ce paradoxe est détruit naturellement par l'exemple de M. Ducornet, né sans bras, qui dessine souvent de très longs bras. Ainsi va le paradoxe! — Le *Meurtre de la reine Galswinthe,* de M. Philastre, est une œuvre étrange, sombre et énergique; il est difficile de comprendre le mouvement du torse qui se cabre sous les étreintes cruelles d'un esclave étrangleur. En face du tableau de M. Philastre se trouve par hasard un tableau de M. Cambon; pour la première fois peut-être, ces deux noms chers aux amateurs de pièces à décors sont séparés. MM. Philastre et Cambon du Salon ne sont pas, il faut le dire, les Philastre et Cambon, ces illustres décorateurs qui ont peint si souvent pour l'Opéra, pour le Cirque et les grands théâtres du boulevard, des toiles malheureusement éphémères.

Quelques journaux ont annoncé que les pastels de M. Flers, refusés par le jury, se voyaient chez M. Durand-Ruel. M. Flers a eu tort d'exposer ces pastels; il donne raison au jury. M. Flers est un paysagiste de talent, qui s'est créé une spécialité normande fort agréable:

nul mieux que lui ne sait peindre un bout de chaumière avec de jeunes cochons qui folâtrent dans la mare voisine. Mais ces pastels n'ont aucune ressemblance avec sa peinture; ils sont froids, d'une couleur qui n'en est pas, — en somme médiocres.

7 avril 1846.

III

L'ÉCOLE DESFORGES

MM. MULLER, CHARPENTIER, VERDIER,
LAEMLEIN, DIAZ DE LA PENA,
LÉPAULLE, LANDELLE,
COMTE-CALIX, etc.

L'ÉCOLE Desforges accapare le Salon de cette année. Définissons l'école Desforges. M. Couture en est le chef et méritait de l'être. A sa suite viennent immédiatement MM. Muller et Lépaulle; M. Charpentier pour la partie mélancolique (poitrinaires, feuilles d'automne et autres); M. Ange Tissier pour les portraits; M. Verdier fait de tout; enfin MM. Diaz, Célestin Nanteuil et Baron sont les peintres de fantaisie de ladite école.

Comment se forma cette école et d'où lui vient son nom, c'est ce qu'il est facile d'expliquer. Un marchand de couleurs s'établit sur le boulevard, il y a quelques années, faisant montre de tableaux pleins de ragoût et signés de noms inconnus. Peu de temps après, les inconnus devenaient très connus.

La critique est une brave fille, qui a le tort infini de se jeter au cou du premier peintre venu. Souvent il arrive qu'elle reconnaît avoir mal placé ses affections; elle quitte son peintre et va partout en dire un mal affreux.

Quand un homme réussit par certains moyens nouveaux ou *renouveaux*, il y a devant son œuvre deux ou trois cents moutons de Panurge qui étudient ses procédés, qui dissèquent ses moyens, à seule fin de reproduire ces moyens et ces procédés. Par exemple, Decamps a fait hausser subitement la pierre ponce. Pendant un moment, toute la rapinade crut faire du Decamps en se servant de la pierre ponce; ces jeunes gens ne s'apercevaient pas que si Decamps employait la ponce, il y ajoutait son grand sentiment de la lumière, sa vue si amoureuse de la couleur.

C'est ce qui est arrivé à M. Corot; c'est ce

qui est arrivé aux frères Leleux et à M. Hédouin; c'est ce qui arrive aujourd'hui à MM. Couture et Müller. Ils font école — pour leur malheur; leurs imitateurs les tuent.

Diderot a eu le rare esprit de critiquer durement Boucher et de l'exalter quand il le fallait; mais il déplorait que les jeunes peintres se laissassent prendre à ces grâces fardées depuis la joue jusqu'à l'orteil. L'école Desforges, c'est Boucher; et plus d'un fera bien de renoncer à ses pompes et à ses œuvres.

Comme il est mal de médire des absents, nous mettrons M. Couture en dehors de la question; on dit que son *Orgie* — retardée peut-être pour faire événement — est peinte d'une façon très sage, et que le jeune chef d'école se propose de dérouter ses terribles imitateurs; mais il serait inhumain de laisser s'égarer aussi follement M. Müller. Encore s'il se noyait tout seul! mais rien n'est plus contagieux que le suicide.

Sa *Primavera* est la traduction des deux vers de Métastase :

Printemps, jeunesse de l'année;
Jeunesse, printemps de la vie.

Ce tableau de M. Müller vous arrête au débotté. Les hommes font mine de boire, soupirent des *concetti*, essaient d'aimer des jeunes femmes : tout ce monde porte des habits de soie, de velours, roses, verts, ponceaux; il y a presque du soleil et de l'herbe de printemps, —*Jeunesse de l'année.* Tout ce monde est jeune! Mais si vous les voyiez dans la coulisse, les malheureux figurants, — car ce sont des figurants, — quand la chaleur aura fait fondre leur fard, quand les maillots des femmes seront dérangés, oh! la pauvre mine qu'ils auront! Les hommes, avec des yeux semblables à du vin trempé, des dents jaunes, des joues caves; les femmes, avec des jambes maigres à voir clair au travers, des poitrines plates comme un matelas de vingtième année. Voilà pourtant ce que M. Müller appelle : *Jeunesse, printemps de la vie.*

M. Müller, comme toute l'école Couture, s'occupe trop de l'Opéra. Son portrait des enfants de M. le comte de Laborde semble tout resplendissant de jeunesse. Les enfants sont roses et blancs; ils courent dans un jardin tout pomponné. On jurerait que ces enfants exécutent un petit ballet réglé par Coralli père.

J'ai là, sous la main, une gravure de 1756 représentant le sieur Ballon et la demoiselle Prévost dansant devant Leurs Majestés. C'est un type très divertissant de rococo, de corps contournés, de manières poudrées. Le portrait de M. Müller, aussi rococo, aussi contourné, aussi maniéré, aussi poudré, me fait penser aux exhibitions de l'horrible nain Tom-Pouce.

Il faut remarquer que le quartier influe plus qu'on ne le croit sur les peintres. L'école Desforges demeure, à de rares exceptions près, dans le quartier de Notre-Dame-de-Lorette, de la Boule-Rouge et de la Madeleine. L'école prend les boulevards pour la campagne, l'asphalte pour la verdure, les filles entretenues pour de belles natures, et l'Opéra pour les Champs-Élysées. Ah! si M. Couture demeurait derrière le Luxembourg!

M. Lépaulle (François-Gabriel), 26, rue des Martyrs, est tellement connu par ses imitations de chants du coq, qu'il est presque inutile de parler de sa peinture. Il a cinq portraits; on sait comment il peint les portraits: toujours coquets et sans rides. M. Lépaulle peint quelquefois des scènes de sport; au besoin, il les remplace par des *Odalisques au bain,* ou l'*Inté-*

rieur d'un harem, comme cette année. Il faut voir l'intérieur de ce harem ; si l'on s'en rapportait au pinceau de M. Lépaulle, personne n'aurait le courage d'y entrer. On se demande quel est le plus ennuyé, du Turc qui bâille, ou des odalisques qui l'imitent, ou de M. Lépaulle qui a dû l'être cruellement en peignant ce tableau. Il n'y a là dedans aucune de ses qualités ordinaires ; de la couleur misérable, un dessin qui ne veut pas surpasser la couleur. Mieux vaut encore un Saint Vincent de Paule que M. Lépaulle a peint en fresque à l'église Saint-Merry. Et quelle fresque !

Qui croirait que M. Verdier est élève de M. Ingres en voyant sa *Cruche cassée ?* La paysanne est niaise au possible, et serait supportable peut-être dans un tableau de genre ; mais peindre cela sur une grande toile !... J'aime mieux le *Jardinier Mazet*, un tableau sans prétentions, qui vise à l'égrillard et qui ne restera pas longtemps chez Desforges, à cause de ces prétentions. Quant au portrait d'enfants, M. Verdier a imité ouvertement M. Couture.

M. Faustin Besson est encore un jeune peintre qui croit avoir fait un tableau sérieux, parce qu'il expose une *Madeleine* à moitié repentie, à genoux dans un palais, arrachant les fleurs de ses cheveux, arrachant ses bijoux, arrachant ses colliers; mais il ne suffit pas d'agenouiller un modèle, de lui mettre une draperie de damas rose avec des agréments blancs. Il faudrait faire de la peinture solide et non pas flasque, molle et lâche; il faudrait savoir dessiner des bras et des mains, ne pas faire une gorge de parchemin, etc., etc. Les plaisants de l'année 1845 avaient inventé une variété de calembour hiéroglyphique; les jeunes peintres de la même année ont suivi cette route; ils peignent par à peu près.

M. Faustin Besson fera peut-être un peintre de genre par la suite. L'un de ses portraits est agréable; son Jardinier du Couvent ne manque pas d'agrément; mais pourquoi marcher dans les souliers de M. Couture?

On s'arrête beaucoup devant un portrait d'homme en redingote de velours, la mine farouche au possible, l'œil noir, la barbe de la même couleur que l'œil. Ce personnage a une jambe de bois; il est en train de fouiller avec son pinceau une toile qui donne assez l'idée du capharnaüm en peinture. C'est le portrait de M. Diaz, plus connu cette année sous le nom de Diaz de la Pena. M. Charpentier n'a pas été heureusement inspiré. Il aurait dû se montrer plus coloriste en faisant le portrait d'un coloriste. Je veux bien que M. Diaz — de la Pena — soit ainsi vêtu dans son atelier, avec cette même redingote de velours de coton, et cette mine de dévorant; mais M. Charpentier pouvait jeter un peu de poésie sur ce velours de coton et sur tout ce harnachement de peintre chez soi qui est d'un prosaïque, non pas vulgaire, mais trop espagnol-posada. Après tout, comme le disait le poète Desplaces :

C'est qu'ainsi l'a voulu l'Espagnol inspiré!

Mauvaise inspiration!

... Du peintre Diaz tout caprice est sacré.

A ce propos, l'ouverture du musée Bonne-Nouvelle a fait tort à M. Diaz de la Pena. Le gros public, qui ne connaît pas Prud'hon, a été à même de voir des Prud'hon. Le gros public a trouvé que ces Prud'hon ressemblaient terriblement aux tableaux de M. Diaz. M. Diaz ne serait-il pas aussi original qu'on le disait jadis? Cependant M. Diaz a quelque chose qui manquait à Prud'hon : il a inventé le *pétard*. Prud'hon est calme, M. Diaz est éblouissant ; malheureusement le pétard ne laisse que de la fumée. M. Diaz a huit tableaux au Salon, dont un très joli. Le *Jardin des Amours*, en outre des tons fins empruntés à Prud'hon, ressemble trop par la composition à ce peintre. La *Léda* ne montre pas assez d'amour pour le cygne. Une Léda froide, à quoi bon ? M. Diaz a voulu sortir de ses petits cadres, et il a peint les *Délaissées* ; il s'agit de cinq femmes qui se détendent les bras, qui pleurent dans la campagne. Mais on a le droit de demander un peu plus d'esprit et de pensée dans ce grand tableau, qui est enfantin. Revenons bien vite à l'*Abandon*, c'est-à-dire à un ravissant dos de femme dans un bosquet. Ici, M. Diaz a été plus heureux ; son torse est parfaitement peint, d'une façon plus calme et moins *éclair*. Je ne suis pas tout à fait de l'avis du poète Desplaces, qui dit de M. Diaz de la Pena :

> ... *Nulle main jamais n'a su mieux que la sienne*
> *Nuancer l'outremer et l'ocre de Sienne.*

Dire que ces vers ont été *improvises* au Salon ! M. Eugène de Pradel va se passer immédiatement une corde au cou.

M. Laemlein, un débutant, je crois, a un tableau très heureux, la *Charité*. C'est une grande dame fort richement étoffée — charité bien ordonnée commence par soi-même — qui tient par la main le plus ravissant petit Chinois du monde. Sur ses épaules se groupent de charmants petits monstres, celui-là nègre, celui-là blanc, qui s'embrassent très fraternellement. Le motif est heureux et original ; il est à craindre que M. Laemlein ne veuille prendre sa place dans les rangs de l'école Desforges.

M. Célestin Nanteuil a des satyres dans les vignes qui ne manquent pas de gaieté ; sa peinture ressemble trop aux jambes ivres de ses faunes : elle manque de solidité.

Avant d'abandonner l'école Desforges, ne serait-il pas plaisant de raconter certaine aventure que voici? L'un des chefs de cette école, ami d'un homme de lettres, fatiguait fort ce dernier par ses théories sur la couleur.

« Ah! disait le peintre, si je pouvais exprimer mes opinions une bonne fois!

— Rien de plus facile, dit l'écrivain, j'ai un Salon à faire dans un tout petit journal.

— Oh! le petit journal n'importe pas à l'affaire... je veux faire mes articles si durs que les peintres s'en inquiéteront. Par exemple, je ne signerai pas.

— Libre à vous, mon cher... Tenez, mettez-vous à ce bureau. »

Le célèbre peintre s'assied, réfléchit, taille les plumes et se plonge un quart d'heure la tête dans les mains :

« Vous qui avez plus d'habitude, dit-il au journaliste, écrivez donc le préliminaire, un rien, vingt lignes.

— C'est fait, dit l'autre. A votre tour. »

Le peintre se remet au bureau et réfléchit plus que jamais.

« Je m'en vais vous dicter, dit-il, voulez-vous avoir la complaisance d'écrire?

— Bien, je vous attends. »

L'artiste se lève, fait cinq ou six fois le tour de la chambre et dicte : « M. Ingres...

— M. Ingres! mais il n'a pas exposé.

— C'est égal, il faut lui donner son paquet.

— Bon, j'écris en marge : « M. Ingres... » Eh bien! et ce paquet?

— Attendez, j'y suis... « M. Ingres fait de la « peinture qui ressemble à des pommes de terre « cuites dans l'eau... Il ne sait pas dessiner... Il fait gris, et puis... diable... il ne dessine pas... » Avez-vous écrit?

— Oui, dit le journaliste en répétant cette singulière critique.

— En voilà assez sur M. Ingres; j'espère que c'est touché... Maintenant, à Delacroix : « Fausse couleur, le cheval rose, — appuyons sur « le cheval rose, — l'envers de M. Ingres... « n'a jamais pu faire un élève. » A un autre : « M. Amaury-Duval, il a découvert un banc de « craie; c'est là qu'il se fournit de couleurs. » Voyons un peu, relisez-moi tout ça.

— Il n'y en a pas dix lignes, dit l'homme de lettres.

— Ah! j'en ai assez, c'est très fatigant; maintenant, vous pouvez marcher tout seul sur ce ton-là... »

Là-dessus, le célèbre peintre s'en alla, convaincu d'avoir enfin exprimé une bonne fois ses opinions. Le journaliste eut grand soin de jeter au feu ces notes d'atelier... Et pourtant le célèbre peintre ne manque pas d'esprit dans la conversation; mais il a le défaut de l'école Desforges, un amour-propre excessivement développé qui le fera assez reconnaître sans que je le désigne autrement.

Sitôt qu'on aperçoit au Salon un sujet tiré de Boccace ou des contes de La Fontaine, on peut jurer la main sur le feu que le peintre est de l'école Desforges. Tel est un modeste tableau de M. Casteli, le *Nicaise* de Boccace.

M. Fontaine fait tout ce qu'il peut et non pas tout ce qu'il veut pour copier M. Diaz de la Pena. L'*Orage* et les *Jeunes Filles au bain* sont du verjus à côté des grappes roses de M. Diaz; mais le *Retour des noces* est mieux réussi. En devant du bois touffu sort le vieux gai ménétrier qui racle avec amour un violon éraillé; la noce se perd dans les arbres. Le soleil a voulu se mettre de la partie; il égaie de son mieux quelques troncs d'arbres verdoyants. Ce petit tableau, perdu dans une embrasure de fenêtre, est gai comme une journée de printemps.

L'école compte tellement d'élèves, qu'il est difficile de parler de tous. Entre autres, M. Comte-Calix est-il de l'école? M. Comte-Calix n'est pas assez franc: comme peintre, il tient de M. Baron; comme homme à idées, l'école bretonne pourrait le revendiquer. M. Comte-Calix peint des têtes de romances: il est gracieux, d'une mélancolie douce et assez adroit. Pour nous, *monsieur* Comte-Calix aurait beaucoup plus de talent, s'il s'appelait *mademoiselle* Comte-Calix.

Il ne faut pas oublier M. Landelle, autre peintre sentimental et moral, qui doit donner des inquiétudes à M. Charpentier. M. Landelle a envoyé *Aujourd'hui* et *Demain,* deux tableaux dits *tableaux-pendants,* légère amorce pour les marchands de gravures. *Aujourd'hui* est une courtisane qui se noie dans des flots de damas, de lampas, de soieries et autres mirifiques étoffes. Elle est belle, et son coiffeur vient de sortir assurément. *Demain* est la courtisane de tout à l'heure couchée sur un mauvais lit de paille, la mansarde, la misère; enfin, un sujet aussi neuf que Jonas avalé par la baleine.

Ces deux *pendants* attirent les grisettes, les femmes adultères, les collégiens et l'auteur de *La Peinture, précepteur moral,* que j'ai surpris en contemplation, les joues baignées de douces larmes. Heureux caractère!

16 avril 1846.

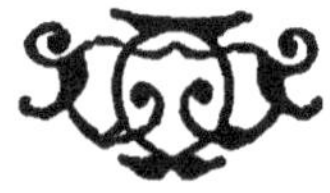

IV

DU PORTRAIT

MM. COURT, WINTERHALTER, HEUSS,
CATTLIN, BIGAND, JEANRON,
FLANDRIN, DAUVERGNE, GUIGNET,
AMAURY-DUVAL, etc.

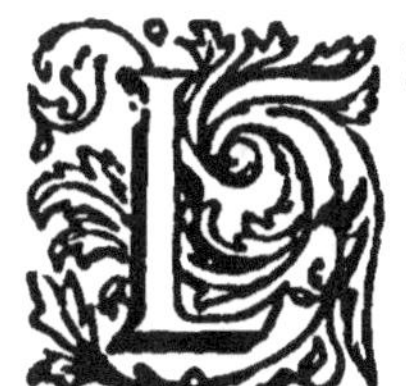

E portrait est un meuble inutile qui se paie de cinq à mille francs. Le portrait a été inventé pour l'accroissement de la race des rongeurs. Il est bien constant que nos aïeux étaient des gens très vertueux, très spirituels et infiniment meilleurs que la génération actuelle. Nos aïeux, ces personnages si graves, mettaient leurs pères, leurs grands-pères, leurs oncles au grenier. Où mettra-t-on les nôtres, hélas?

En ai-je assez vu des présidents à mortier, des chanoines, des procureurs, des marquises, de vieilles comtesses avec leur râpe à tabac, chez les marchands de bric-à-brac, chez les fripiers, chez les revendeurs, au Temple, partout! Et dans quel état? Ils étaient mieux conservés dans leur cercueil... Les vers sont des animaux peu délicats. Ils vous mangent un roi comme un simple savetier. Encore ont-ils une préférence marquée pour le savetier, au cas où le savetier serait bien gras. Mais les rats sont des animaux bien autrement cruels. Ils s'attachent à un portrait, ils lui rongent un membre sans scrupules. Mon grand-oncle, un président du grenier à sel, avait, dit-on, un brave nez rubicond, tel qu'il convient à un riche receveur de gabelles. Hélas! pour moi, ce nez a toujours été une chose mystérieuse, mystique et chimérique; une douzaine de rats avaient fait un grand dîner avec.

Il est encore un autre destructivore qui s'appelle le soleil. Le soleil est un animal chaud et doré qui affecte une grande passion pour les pastels. Tous les jours, de midi à trois heures, il va rendre visite à ces malheureux pastels; il se déguise en rayons lumineux et les caresse, les embrasse avec des chaleurs feintes; le pastel se laisse faire, croyant à un amour extrême. Puis, la saison des amours passée, le pastel voit dans la glace d'en face que son terrible amant lui a enlevé ses couleurs si fines, ses couleurs de papillon. Aussi qu'est-il arrivé? De tous ces pastels du XVIIIe siècle si frais, si pomponnants et si bichonnés, il ne nous reste que ceux du grand maître La Tour, et de Rosalba Carriera. Près de ceux-là, le soleil n'avait pas réussi à *conter fleurette*, car ce sont des personnages d'un fort tempérament.

De nos jours, le portrait a été une affaire de vanité. Les tiers de vaudevillistes et les quarts d'agents de change ont cru devoir se faire peindre. Les insensés! ils ont voulu transmettre leur nom à la postérité par ce moyen. Ils n'ont donc jamais parcouru les galeries du Louvre? Ils auraient vu les portraits de Velasquez, de Rembrandt, de Van Dyck, de Rubens, de Murillo, etc... Un portrait ne peut rester qu'à la condition d'être l'image d'un grand homme ou d'un parent, d'un ami, d'un serviteur de ce grand homme. Autrement, il perd son nom, ses qualités et ses titres. Il devient l'*homme au gant*, la *femme au singe*, le *bourgmestre*.

Comment voulez-vous que la postérité s'inquiète du nom de Mme Pastéris, de M. Clairville, de M. Isambert? La postérité a bien d'autres noms dans la tête! Encore s'il était question de la portière de Victor Hugo? Mais des vaudevillistes, des bourgeois et des négrophiles!

Donc les modèles de M. Pérignon sont sûrs de leur destinée. Au grenier, au grenier, mes braves gens! M. Pérignon n'est pas assez peintre pour qu'on s'inquiète dans cinq ans des portraits de Mme R***, de Mme F***, de M. K***, de M. D***, de Mme L***. Entre M. Dubufe père et M. Pérignon, j'ai longtemps hésité. Je préfère décidément M. Dubufe père : il avait et il a encore un talent merveilleux pour les étoffes et les fanfreluches des femmes. M. Dubufe père était chéri des femmes de son temps, presque autant qu'Alexandrine la couturière. Comme il les habillait élégamment, comme il savait les *avantager!* et comme il était flatteur!

M. Pérignon a bien quelques points de similitude avec M. Dubufe père. Il flatte aussi, mais avec moins de délicatesse; il ne connaît pas son étoffe à fond; il peint *honnêtement* et proprement; il dessine à peu près; le modèle est content : la famille du modèle aussi. Voilà M. Pérignon heureux, qui gagne trente mille francs bon an mal an.

M. Court nage dans les mêmes eaux. La seule différence, c'est que M. Court aurait peut-être pu avoir un talent sérieux. Son grand tableau du Luxembourg fait peine, quand on songe aux promesses qu'il avait contractées! Peut-être ne faut-il pas tant en vouloir à M. Court, qui pourrait répondre qu'il a été longtemps malheureux et que la fortune est venue frapper un beau jour à sa porte. — Sans doute que cet argument de l'argent est irrésistible... Mais, à ce compte, il n'y aurait plus de littérateurs, de musiciens, de peintres. M. Paul Féval pourrait en dire autant... Et à sa suite, tous les feuilletonistes, tous les faiseurs de romances et tous les peintres de lorettes, race travaillant dix heures par jour à tant la ligne, à tant la note, à tant la touche de pinceau. — Oui, vous aurez de l'argent, mais dans dix ans vous deviendrez des *rossignols*. M. Paul Féval terminera ses jours chez Lebigre, M. A. Adam sur les quais, et M. Schlesinger chez les marchands d'habits.

J'en reviens à M. Court, qui a sept, huit ou dix portraits qu'on ne regarde pas et qu'on a raison de ne pas regarder; mais le portrait du feu cardinal de Croy, archevêque de Rouen, passe toutes les bornes. C'est un triste *poncif* des portraits de Rigaud... Les ajustements, les draperies, tout est copié, Dieu sait avec quelle intelligence, d'après le portrait de Bossuet.

Ces choses font mal à voir. Faut-il ajouter que M. Court se met à l'arrière-garde des romanciers *intéressants?* Il s'entend avec M. Schopin, pour peindre des *schopinades,* des Fleur-de-Marie, des Rigolette, des Manon Lescaut et autres types qu'ils altèrent cruellement.

Toute cette critique d'amertumes et de fiel ne servira de rien. MM. Pérignon et Court ne sont pas des brebis; mais jamais ils ne rentreront au bercail des arts. Aussi que dire de M. Winterhalter, peintre de la cour citoyenne, le Marochetti de la palette? J'entends des démocrates qui disent que la peinture officielle n'est pas possible. Les allégories de Rubens n'existent-elles donc pas? Qu'a fait le grand peintre flamand? il a mis Henri IV aux derniers plans avec Marie de Médicis. Ce qui l'inquiétait le plus, ce n'était pas le *Père du Peuple,* l'inventeur de la *poule au pot,* c'étaient des sirènes, des femmes nues, de la chair enfin.

Van Dyck aussi était un peintre officiel : il est vrai que ses modèles sont devenus des modèles d'infortunes; mais quand il a peint le malheureux Charles Ier, Charles Ier ne soupçonnait pas Cromwell. Les peintres italiens, Véronèse en tête, étaient des peintres officiels; les peintres espagnols encore. Van Der Meulen ne remplit-il pas aujourd'hui les galeries de Versailles de ses superbes paysages à batailles?

Dans cette foule, je ne vois que Lebrun qui ait été aussi plat que le dernier des courtisans de l'Œil-de-Bœuf. Lebrun a admiré avec son pinceau les moindres actions du roi qui ávait pour devise : *Nil mirari;* mais Lebrun avait au moins de la pompe, une certaine grandeur théâtrale; il n'a pas oublié une seule fois de dire : « Louis XIV, c'est le soleil! »

Quand on est obligé de franchir la distance qui distance Lebrun de M. Winterhalter, quel chemin, quelles ornières! Le *National* et la *Réforme* ont beau jeu, sur ma parole. Le tableau de la *Réunion en famille dans la galerie Victoria au château d'Eu* est capable de vous rendre démocrate enragé. Si vous vous rappelez les romans de Paul de Kock, où des grisettes *bien* font des crêpes, vous aurez une idée de ce malheureux tableau. M. Winterhalter n'a vu dans la reine Victoria qu'une modiste de la rue Vivienne, aux airs pincés. Près d'elle, se tient le prince de Salerne, qui ressemble aux vieux Kaleb de mélodrame, à ces vertueux serviteurs qui n'ont jamais manqué une fois de marcher à la mort au lieu et place de leurs bons maîtres.

La duchesse de Cobourg-Gotha tient sur ses genoux des petits Cobourg endormis. Elle donne la main à un jeune Cobourg de cinq à six ans, gros, gras et rose, et qui ne démentira pas la réputation de beaux hommes qu'on a faite à ses frères. M. Winterhalter a seulement trois tableaux de cette force. Ce sont de belles enseignes de sages-femmes.

Quoique peints d'une façon plus consciencieuse et plus savante, les portraits officiels de M. de Keyser, peintre anversois, ne sont pas des œuvres bien remarquables. Guillaume II, roi des Pays-Bas, ressemble à un singe; et plus d'un premier rôle des boulevards, sur la fin d'un troisième acte de drame échevelé, s'habille comme la princesse d'Orange.

Un M. Heuss paraît vouloir se lancer aussi dans les portraits officiels; M. Guizot a été bien dupe de confier sa belle tête protestante, pâle et bilieuse, aux pinceaux de ce M. Heuss. Jadis M. Paul Delaroche fut pris d'un si grand enthousiasme pour son modèle qu'il parvint presque à rendre la physionomie du plus grand historien moderne. Savez-vous ce qu'a fait le monsieur Heuss? Dans M. Guizot il a vu un homme souriant, tranquille, travaillant paisiblement dans son cabinet comme un chef de bureau. Quelques-uns ont cru que ce portrait était celui de M. Viennet, fabuliste.

J'aime mieux la peinture de Cattlin, celui-là qui montrait les Ioways, et qui a envoyé au Salon les portraits du *Petit-Loup* et de la *Graisse-du-dos-du-Buffle*. A la salle Valentino, on regardait trop vite ce curieux musée, tant on avait hâte de voir les curiosités vivantes. Au Louvre, ces portraits prennent tout de suite un aspect étrange. Les têtes sont peintes simplement, cruellement même, avec sauvagerie. Qu'on ne s'y trompe pas. M. Cattlin n'est pas une nature *vierge* en peinture. Il suffit de regarder les *fonds* qui sont rusés, habiles et savants comme une esquisse de M. Delacroix.

MM. Bigand et Jeanron ont dans les portraits une certaine similitude, et M. Toussenel n'aurait aucune peine à faire leur analogie.

Tous deux cherchent la peinture solide, carrée, corsée, *artiste* en un mot. M. Bigand a réussi une *étude d'homme* qui est peinte très franchement. Le portrait de Mlle *Trois Étoiles,* de M. Jeanron, vaut mieux que le Sixte-Quint, sorte de vieux brigand calabrais qui ne ressemble guère au Sixte-Quint de l'histoire.

J'aime les portraits de M. Hippolyte Flandrin, le disciple chéri de M. Ingres. M. Flandrin ne tourmente pas les poses, il ne veut pas faire de mélancolisme avec ses modèles, il ne leur donne pas des airs amoureux, profonds, dramatiques, sentencieux; il est partisan de la simplicité distinguée, aussi éloignée du bourgeoisisme que M. Koeckoeck l'est de Jules Dupré; c'est peut-être ce qui fait que M. Flandrin perd ses avantages au Salon. Ses portraits sont trop modestes; mais quand on rencontre dans un appartement une de ses œuvres tranquilles et réfléchies, alors on comprend que M. Hippolyte Flandrin est, après M. Ingres, le plus grand portraitiste de notre temps.

Son frère, M. Paul Flandrin, paysagiste ingriste, a envoyé, par extraordinaire, le portrait d'un homme qui a sans doute été cruellement sifflé quelque part, à voir la mine sombre qu'il affecte.

M. Horace Vernet a un portrait d'enfant; comme ce n'est qu'une simple tête, sans trompe-l'œil, sans murs cassés *qu'on voudrait toucher,* et sans souliers *à prendre à la main,* ainsi que le fameux frère Philippe de l'an passé, la foule ne s'y arrête pas.

M. Granet a peint toute sa vie, avec un profond sentiment du clair-obscur, des intérieurs meublés de moines. Seulement, ses moines et ses intérieurs étaient noirâtres et durs. Qu'a fait M. Cogniet, jadis homme célèbre? Il a peint M. Granet sous la couleur d'un chat blanc qui a été faire un tour de promenade dans les charbons. Si M. Cogniet a voulu faire une épigramme, il est dans son tort, la plaisanterie n'étant pas du ressort d'un peintre d'histoire.

M. Guignet l'aîné inventa, il y a cinq ou six ans, une certaine nouvelle manière de portraits, laquelle manière consistait à draper un homme dans un manteau. C'était une bonne intention. Il croyait répondre par là aux détracteurs du costume moderne que le *style* était encore possible dans les portraits; mais quand M. Guignet l'aîné eut fait cadeau de son manteau à M. Théodose Burette, à M. Pradier, à M. Duprez, etc., il comprit que ce manteau était usé et trop connu. M. Guignet l'aîné n'a rien trouvé depuis; il est toujours à la recherche d'un nouveau vêtement.

Dans le Salon Carré est un profil de femme au nez impérieux et impérial, au front plat, aux lèvres terribles. L'habit est d'une simplicité de nonne. Une robe bleu cru et une boiserie grise pour fond. M. Amaury-Duval est le père de ce portrait. M. Amaury-Duval cherche le tour de force dans la simplicité. Il arrive aujourd'hui à faire le pendant de Judith, *dame de trèfle*.

Mme O'Connell, de Bruxelles, débute en France. On ne saurait trop louer ses portraits. La rare chose qu'une femme vraiment peintre! Qu'il est donc heureux, ce lord Hasley, d'être si laid et si dédaigneux, dans son uniforme d'un rouge de boucherie! Mme O'Connell s'est peu inquiétée de la laideur et du dédain de l'Anglais; il n'y a pas de laideur là où il y a du caractère; avec une passion quelconque chez le modèle, la plus brutale ou la plus sensuelle, un grand peintre est content. Tant mieux si le masque de François Ier ressemble à un roman du marquis de Sade! Tant mieux si le masque de Voltaire ou celui de Talleyrand ont des lignes de chacal et de fouine. Le Titien, Pigal et David sont là pour répondre aux non-partisans de la laideur. — Mme O'Connell a encore une tête d'étude de jeune homme, franchement peinte, et qui ferait croire qu'elle a été à l'école du grand peintre Lawrence.

Tout au fond de la grande galerie, avant de franchir l'espace qui sépare les vieux maîtres des jeunes peintres, — il n'est guère possible de dire les jeunes maîtres, — se trouve un portrait tout simple, tout timide, qui arrête ce qu'on appelait, au bon temps de M. Delécluze, les *connaisseurs*. C'est une étude de jeune homme, avec une tête de femme par derrière, une étude très belle signée par un nom nouveau, M. Trutat. M. Trutat promet de bons portraits.

Ils sont trois portraits qui se coudoient, trois célébrités à divers titres que le hasard, cet enfant terrible, a rassemblés : M. Granier de Cassagnac, M. Grassot et M. Maquet. M. Granier de Cassagnac, le publiciste qui a dans sa poche un style de pamphlétaire, tient le *Globe* dans l'ombre. M. Robert, le peintre, s'est-il imaginé par hasard que M. de Cassagnac n'avait pas le courage de se souvenir du *Globe* ? M. Robert s'est trompé, mais bien plus encore dans sa peinture ;

le rédacteur en chef de l'*Époque* a bien autrement de finesse acérée dans la physionomie; au lieu de ce ton bourgeois, il est un peu olivâtre, et la fatigue est écrite en sillons bilieux sous ces prunelles inférieures.

Quant à Grassot, son peintre l'a habillé d'une façon toute printanière, en nankin des pieds à la tête. On dit que c'est un costume de théâtre : je n'en crois rien. Grassot est autrement *farce*. Qu'a-t-on fait de son nez, de ce nez sublime, inspiré, goguenard, qui prête tant de talent à son talent? — Ce n'est pas Grassot.

Le portrait de M. Maquet par M. Louis Boulanger est simple et convenable. Sans doute les fameux portraits de M. de Balzac et de Mme Victor Hugo étaient supérieurs; mais depuis, M. Louis Boulanger a été bien en décadence. M. Maquet a une physionomie d'honnête homme et d'honnête écrivain, un air ouvert, comme l'on dit.

Je mets de côté trois cents portraits pour le moins, des portraits bêtes, avec lesquels il serait facile d'écrire trois gais feuilletons. Un M. Zuccoli a envoyé la tête d'une *ancienne* nourrice de *bonne maison*. Ceci regarde la critique d'art des *Petites Affiches*. Un autre portrait plaisant, c'est celui d'un tailleur — à coup sûr — qui porte sur le dos deux habits, deux paletots, un pardessus, deux gilets et *quelques* pantalons. — Jean-Paul Richter parle quelque part « d'une jeune Hollandaise qui, par raison de santé non moins que par coquetterie, portait ordinairement, outre la chemise, un tricot, et une camisole, une veste, une ceinture de laine, avec un pantalon, plus une robe de laine, plus une robe de coton, plus un manteau ouaté, enfin trois paires de bas, une paire de socques avec fourrures et trois bonnets ».

29 avril 1846.

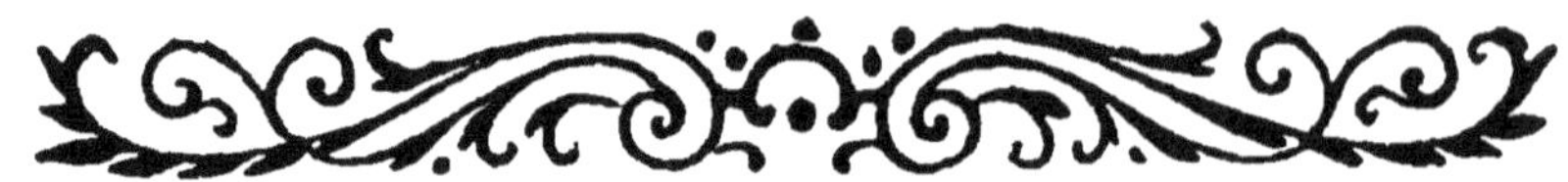

V

LES PEINTRES DE GENRE

MM. PENGUILLY, LELEUX, HÉDOUIN, GUIGNET (jeune), DE BAY, SAINT-JEAN, BIARD, TASSAERT, MANZONI, GUDIN.

Si quelque audacieux étranger se plaisait à nier la grande peinture en France, on n'aurait qu'à lui nommer M. E. Delacroix et M. Ingres. Ce sont là deux grands représentants de l'art. Mais en descendant plus bas, à la peinture de *cinquième période,* ainsi que disait l'apôtre Jean Journet, les peintres de talent ne comptent plus. Il y en a à remuer à la pelle.

Ce sont nos petites mœurs, nos petits usages, nos petits appartements qui ont développé d'une façon exagérée le tableau de genre. Cependant les Romains, qui vivaient aussi à l'étroit que nous, ne sacrifiaient pas au *genre :* ils commandaient des fresques. Dans ce genre bâtard, se trouvent perdus quelques hommes qui seraient devenus peut-être de grands peintres, sans le rabougri de la civilisation actuelle.

Il y a six ans, M. Penguilly-Lharidon, officier d'artillerie, exposait au Louvre un cadre de dessins d'après le *Roman comique,* qu'on eût juré sortir de la plume d'un élève de Callot. Ces dessins restèrent inédits, et M. Penguilly abandonna l'artillerie pour faire des illustrations. — Le public ne se doute guère des quantités d'esprit et de talent que dévore tous les ans la gravure sur bois. Tony Johannot, Gigoux, Français, Baron, Penguilly y ont dépensé les trois quarts de leur verve.

Si M. Penguilly renonce à faire des illustrations pour de mauvais livres de pacotille qui ne resteront qu'à cause des *images,* il aura raison, car ses débuts dans la peinture ont été remarqués. Le tableau de la *Parade,* qui représente Pierrot, Arlequin et Polichinelle, *allumant* le public, vaut mieux que les toiles minuscules de M. Meissonier. Là où M. Meissonier fait de la peinture brossée, blaireautée, avec le secours de la loupe, — de la peinture d'horloger, — M. Penguilly, dans un cadre étroit, peint franchement et hardiment. Sa *Sentinelle* est encore un des petits tableaux les plus complets du Salon.

Les frères Leleux et M. Hédouin, les chefs de l'école bretonne picturale — infiniment supérieure à l'école bretonne littéraire, — sont arrivés aujourd'hui au rang qu'ils méritaient. Ce qui éloignera peut-être les imitateurs, c'est qu'ils ressortent de la ligne des peintres de genre ordinaire, que leur peinture est solide et nullement entachée de cet odieux *chic* si déplorable. Seulement ces trois peintres ont un défaut : il est presque impossible de distinguer un Armand Leleux d'un Adolphe Leleux, et un Adolphe Leleux d'un Hédouin. On dirait trois tableaux jumeaux.

On comprendra facilement une trilogie composée de MM. de Chacaton, Haffner et Guignet jeune, qui ne pratiquent pas assez l'*égotisme* en peinture. Tous trois sont habiles, trop habiles peut-être. M. de Chacaton pastiche avec audace

Decamps, dans ses sujets orientaux. M. Haffner combine ensemble Decamps, les Leleux et M. Diaz; avec cette mixtion, il obtient des effets qui ne manquent pas de ragoût. M. Guignet jeune, comme l'a dit jadis je ne sais plus quel homme d'esprit, est le fruit incestueux de Decamps et de Salvator Rosa. Ainsi qu'on le voit, M. Decamps est presque toujours l'agent principal de ces combinaisons chimiques; c'est le mauvais côté des gens originaux. Ils sont très riches et très bienfaisants; à l'instar de saint Martin, ils donnent bien un morceau de leur manteau aux pauvres, mais les pauvres n'en sont guère mieux couverts et chacun se dit : « Tiens, ce pauvre a un pan du manteau de saint Martin. »

Cependant M. Guignet jeune a une seconde corde à son arc. Il a inventé le genre égyptien, des Memphis, des Ptolémée, des paysages à pyramide, qui firent dire un jour à M. le duc de Luynes :

« Vous avez donc été en Égypte, monsieur Guignet ?

— Jamais, monsieur.

— C'est étonnant, car vos tableaux sont bien vrais. J'ai voyagé par là, moi; seulement, l'Égypte n'est pas tout à fait aussi égyptienne... »

Entre autres sujets bouffons, il serait injuste d'omettre *Sagesse et bonheur* faisant pendant à *Inconduite et misère.* Ces deux tableaux sont d'un nouveau goût : comme chez les vieux peintres mystiques, qui faisaient sortir de la bouche des anges des paroles sur une feuille de papier, M. de Bay a cru devoir expliquer au bas de ses tableaux ses grands sujets par de petits sujets. *Sagesse et bonheur* est une paysanne portant dans les bras un enfant gros et rosé. Au-dessous se voit une église bretonne avec une noce. L'idée, qui veut être morale, prête malheureusement à des malentendus ; est-ce l'enfant qui a amené le mariage ou le mariage qui a amené l'enfant? — L'autre toile est évidemment destinée à moraliser la plus belle moitié du quartier latin. Une pauvre femme, verte et jaune, qu'on jurerait atteinte de la peste, est assise sur le sol, dans un désert, la tête abattue sur les genoux. D'abord on pense à Agar dans le désert, — mais le petit sujet montre une salle de bal où des étudiants en chapeaux pointus et des grisettes se livrent à un galop frénétique, dans des embrassements fougueux.

Ce tableau, intitulé *Inconduite et misère,* devrait être accroché dans le *Prado;* mais M. de Bay, peintre de talent, fera bien de renoncer à ses tentatives de moralisation des classes légères.

M. Biard, peintre comique, devient ennuyeux. Le comique de M. Biard est aussi usé aujourd'hui qu'un vaudeville de Radet et Desfontaines. M. Biard faisait aussi de la peinture négrophile, des glaces et des ours plus féroces qu'un traître de la Gaîté. L'ingrate foule a abandonné les tréteaux de M. Biard pour les tréteaux de M. Guillemin.

Si MM. Wattier et Pérèse font du Louis XV à l'usage des gens du monde, MM. Giraud, Duval-le-Camus fils et Schlesinger font du Louis XV à l'usage des bourgeois. « Triste! triste! triste! » dit Shakespeare.

M. Toussenel s'écriait spirituellement dans son feuilleton cynégétique-passionnel : « Je suis peu touché de ces dialogues entre melon et pinson d'Ardennes, entre céleri et mésange qu'une foule de peintres de fleurs et de bêtes mortes nous forcent d'écouter, sous prétexte de naïvetés, de simplesse et de nature. » C'est peut-être ce qui a été écrit de plus raisonnable à propos des peintres de *nature morte.* Quand

M. Saint-Jean envoya pour la première fois au Salon, ce furent des cris d'enthousiasme, des applaudissements comme en réveille à peine la Grisi. Or, savez-vous pourquoi? M. Saint-Jean, de Lyon, avait eu l'idée miraculeuse de placer entre les roses, les jasmins, les raisins, une petite vierge gothique. Hélas! M. Saint-Jean, de Lyon, n'était guère plus peintre que Jonchery père et fils, qui exposent sur le boulevard Saint-Martin des devants de cheminée *trompe-l'œil,* tant admirés des militaires et des bonnes d'enfant en sortie. M. Saint-Jean *prenait* son public avec des moyens connus, une goutte d'eau sur une rose. « La goutte d'eau est parlante, disait-on. » Ou bien, il peignait sur une feuille de vigne une mouche. — On sait la quantité d'anas qui ont été écrits sur les peintres qui, sortant de chez eux, trouvaient en rentrant, sur leur toile, une mouche. Ils soufflaient, soufflaient, la mouche restait. O surprise! elle était peinte! Un vieux drôle du XVIIIe siècle, Watelet, peintre et poète amateur, a dit à propos de cette mouche :

... Prêtant à l'image une vive imposture,
Laisse hésiter nos yeux entre elle et la nature.

La ville de Lyon, blessée des sarcasmes de Stendhal, tient à prouver qu'elle est une cité amie des arts. Non contente de nous affliger avec M. Saint-Jean, elle a délégué au Salon un autre peintre de nature morte, M. *Grosbon,* — je recommande ce nom comme échantillon de nom lyonnais, — qui n'a cru devoir mieux prouver l'amour de son pays qu'en peignant un tableau où se trouve, sur le premier plan, un groupe très menaçant de marrons. J'ai surpris devant cette toile un monsieur en extase; il trouvait que ces marrons étaient à *croquer.*

D'autres peintres de *nature morte,* tels que MM. Appert et Léger-Chérelle, sont plus sérieux; M. Philippe Rousseau, surtout, qui est quelquefois très coloriste.

Un presque inconnu d'un grand talent, M. Tassaert, s'est révélé complétement. Son Marché d'esclaves est l'œuvre d'un vrai coloriste. M. Tassaert aborde franchement la sensualité, un des côtés les plus difficiles de la peinture, à cause qu'il faut prendre garde de tomber dans l'ordurier et qu'un grand talent peut seul servir de voile aux nudités. *L'Erigone,* peinte dans ce sentiment, est magnifique....

M. Manzoni a deux toiles qui effraient par

le sanglant et l'imprévu de la peinture. La Rixe de buveurs ressemble à une esquisse de Goya l'Espagnol. Pour l'Attaque nocturne, c'est aussi terrible qu'une vignette d'assassinat, telle que les imprime, sur papier chandelle, Chassaignon, le seul éditeur de *canards* autorisé par la police.

Les peintres de marines sont tués par les commandes officielles. On enterre leurs toiles à Versailles. On ne s'aperçoit de la présence au Louvre de MM. Mayer, Gudin, Meyer, Morel-Fatio, etc., que par le livret; leurs descriptions maritimes remplissent toujours trois pages et plus. D'aucuns lisent bravement sans sourciller cette littérature, en regardant les vaisseaux et les eaux de ces messieurs. M. Joyant a quelquefois du talent quand on oublie Canaletti. M. Jules Noël a tout l'air de vouloir s'emparer du bâton d'amiral de M. Gudin, d'autant mieux que M. Gudin, le *roi des Eaux*, renonce à son empire pour peindre des scènes vénitiennes littéraires de l'école de *Venezia la Bella*. Le tableau du *Lion* a obtenu un énorme succès de... fou rire. Il est impossible de rien distinguer d'abord; puis les yeux finissent par voir un ton jaunâtre : c'est le soleil. Au premier plan se tient un lion qui montre son train de derrière au public. Un homme d'esprit a prétendu que c'était un lion vertueux qui aimait à voir lever l'aurore.

17 mai 1846.

VI

LES PAYSAGISTES

MM. COROT, ROUSSEAU, CH. LEROUX, FRANÇAIS, TROYON, etc.

Les théories sur le paysage n'ont jamais servi aux peintres. Chaque paysagiste a sa théorie à lui, mais comme le philosophe de Sedaine, — sans le savoir.

Gessner a écrit une lettre sur le paysage qui ne vaut guère mieux que la *Mort d'Abel*. Cependant Gessner était un paysagiste de mérite. Je ne parle pas de ses gouaches, mais de ses eaux-fortes poétiques.

M. Corot est l'homme de ce temps-ci qui a

le mieux compris Gessner. Il a pris au poète suisse-allemand ce qu'il avait de bon, et il a su conserver malgré tout une individualité très saillante.— Par hasard, j'étais entré dans l'atelier de M. Corot : il mettait les dernières touches — *les touches de finesse* — à trois tableaux qui allaient affronter le jugement du jury. Le jury a refusé deux toiles, dont une ravissante, du grand paysagiste. En revanche, il a accepté la plus faible; celle-ci, qui est au Louvre, est encore une œuvre remarquable; mais elle sort de la manière de M. Corot. C'est plutôt une *étude* sérieuse, d'un dessin sévère et très étudié, qu'un tableau.

Si M. Corot n'avait eu de tout temps la critique et les artistes éminents pour lui, il aurait pu rester dans l'oubli. Il n'a *jamais* vendu de tableaux, ni au ministère, ni à la ville, ni aux musées de province, ni aux marchands. *Toutes* ses toiles tapissent les murs de son atelier. M. Corot a trop de bonhomie en l'année 1846; il est constamment par monts et par vaux, par voies et par chemins, tandis que beaucoup de paysagistes, ses confrères, vont faire des études d'après nature, au ministère et chez les députés.

J'ai entendu dire à un critique distingué que M. Corot était très rusé et que sa bonhomie était travaillée. Le critique se fondait sur une visite qu'il avait faite au peintre de *Daphnis et Chloé*. Il n'avait vu de sa vie M. Corot. Il sonne : un gros homme en *caleçon* et en *gilet de flanelle* vient ouvrir. — « M. Corot? » dit le critique aussi stupéfait qu'une Anglaise de cet *improper*. « C'est moi, monsieur, veuillez entrer. » Là-dessus le peintre se remit au travail, sans s'inquiéter de son costume.

Le malheureux critique qui avait admiré avec tant de passion les églogues et les idylles peintes de M. Corot, persuadé que la peinture c'est l'homme, s'attendait à trouver un jeune homme pâle et mélancolique, s'en allant aux champs avec un *pipeau rustique*. Il ne dit mot et partit vite, les esprits bouleversés par ce caleçon *shocking*. Depuis, il ne peut plus voir un tableau de M. Corot.

Sans s'en douter, M. Corot a fait école : partout, dans tous les arts, l'école est une chose déplorable; mais l'école en paysage est incompréhensible. On s'est toujours servi dans un sens faux du mot *école* et *élève*. Pour être élève de M. Ingres, ou Delacroix, ou Corot, il faut avoir un tempérament analogue à celui du maître. Jordaens, Van Dyck et Diepenbeck n'ont été élèves de Rubens qu'à cause de la similitude de leurs tempéraments. Aussi faut-il voir les tableaux des imitateurs de M. Corot : ils regardent la nature avec l'œil de leur maître. Si une branche sort du système ordinaire de M. Corot, ils disent : « Cette branche n'est pas *nature,* » et ils la rectifient. Seulement, ils ne volent à leur maître que le côté plastique; le côté moral du paysage leur échappe.

Il est tant question des tableaux *refuses* de M. Rousseau qu'il faut bien en parler. M. Rousseau n'envoie plus au Salon à cause des nombreux refus qu'on lui a fait essuyer. M. Rousseau a raison; il a un grand talent; il vend cher sans avoir jamais exposé; peut-être aurait-il moins de succès s'il était reçu au Salon. Les amateurs de peinture sont parfois si bizarres! — Je me suis longtemps défié des articles de M. Thoré, le premier qui se soit occupé de M. Rousseau et qui ait employé à son égard des éloges à perte de vue. M. Thoré a été souvent exagéré; mais il a *forcé* ses lecteurs à s'habituer au nom de Rousseau. — Non pas que ce soit le plus grand paysagiste d'aujourd'hui; mais il tient dignement son rang entre Jules Dupré, Marilhat et Corot. Après des toiles un peu confuses, M. Rousseau en est arrivé à se posséder et à produire des paysages complets et empreints d'un grand sentiment de la nature.

A l'ordinaire, le paysage est la partie la plus remarquable de l'exposition; mais cette année, les maîtres sont absents. On a beaucoup trop vanté le paysage de M. Coignard, qui n'est qu'un Diaz de grande dimension. Un troupeau de vaches paît dans une grasse prairie sur la lisière d'une forêt. Ces vaches réjouissantes servent à dissimuler la pauvreté du tableau; M. Coignard a trop d'adresse et les succès de M. Diaz le préoccupent.

Une toile heureusement réussie, est celle de M. Charles Leroux, qui s'est jeté avec audace dans une gamme de vert, le vert du printemps. Les braves gens qui vous disent avec une terrible modestie : « Moi, monsieur, je ne m'y connais pas, »

Les critiques des journaux plaisants,

Les admirateurs de feu Bertin (le paysagiste académique),

Mon oncle le quincaillier,

Quelques députés et leurs dames, sont enchantés de rencontrer ce paysage : « Oh! quel plat d'épinards! »

Ou bien, avec un sourire malicieux : « Aimez-vous les épinards? »

Ces plaisants rentrent chez eux et disent à leurs femmes :

« Ah! tu as encore fait à dîner des épinards!

— Pourquoi pas? dit la femme inquiète.

— J'en ai mangé aujourd'hui.

— Comment! tu manges dehors, maintenant?

— Hé! hé! dit le bourgeois radieux, j'en ai mangé au Louvre. »

Là-dessus on rit. Le mari, qui a du succès, continue :

« Par la même occasion, j'aurais pu te rapporter quelques *croûtes*. (On rit de plus belle.) Il y a, à l'exposition, de quoi nourrir une famille pendant un an. »

C'est là un échantillon de l'esprit français en matière d'arts. Que M. Charles Leroux se console; s'il n'obtient pas certains suffrages, il n'en aura pas moins produit une œuvre remarquable, où l'amour de la nature et de l'art est combiné très heureusement. C'est un souvenir du Haut-Poitou, un rideau de grands arbres pour fond, un ruisseau perdu dans de grandes herbes vertes; voilà tout le tableau. Mais comme il ferait bon de s'étendre avec un livre dans ces grasses prairies, protégé du soleil par l'épais feuillage du printemps! L'autre paysage du même auteur n'a que le tort d'être appelé au livret *une Lande*. Ou bien c'est une lande aux environs de Paris, mais une lande très plantureuse que le ciel couvert assombrit. M. Charles Leroux ne deviendra pas un paysagiste distingué, il l'est dès aujourd'hui.

J'ai en grande estime le talent de M. Français; au milieu de toutes les écoles de paysages, et celle de Jules Dupré, et celle de Corot, et celle de Decamps, etc., etc., il a su garder son *moi* bien tranché. Il ne retrouvera peut-être plus son grand succès de l'*Automne*; mais pourquoi jeter à la tête des gens une belle œuvre passée? C'est de la critique perfide. Si les *Nymphes* ne valent pas l'*Automne*, elles ont d'autres qualités, et cela ne les empêche pas d'être un ravissant paysage. — Un critique a raconté comment se fit le tableau de *Saint-Cloud*. La collaboration de M. Meissonier fut une fâcheuse idée, en ce sens que le public s'occupait médiocrement du paysage de M. Français pour dire monts et merveilles des figures de M. Meissonier. — Il est bon d'ajouter que ces *figures* n'existent pas, étant grosses et grandes de la moitié d'une tête d'épingle. Beaucoup de gens ne regardent pas une statue de Michel-Ange et s'inquiètent fort d'un reliquaire sculpté dans une noisette par un moine.

M. Cabat, qui jadis comprenait si bien la Normandie, a le tort de mettre un froc de moine à ses paysages sous le prétexte du style.

M. Aligny, peintre grec, se donne beaucoup de mal pour être simple dans ses planches gravées. Cela est froid; les admirateurs disent: « C'est splendide de lignes! »

Pour avoir trop voulu étudier les procédés de Jules Dupré et pour se les être appropriés à peu près, M. Troyon a cru être plus grand que son maître. Alors il a doublé le format de ses toiles; jusque-là, rien de mieux, mais il faut savoir remplir sa toile. Vous êtes coloriste dans deux pieds carrés, vous ne l'êtes plus dans quinze pieds. Les grands peintres seuls sont à l'aise dans l'immense et dans le rétréci : la *Noce juive* et les *Femmes d'Alger*, par exemple. Aussi M. Troyon n'a-t-il réussi que deux petits tableaux, le Dessous de bois et un autre, qui sont réellement très jolis.

Dans une biographie ancienne se trouvent ces singulières épithètes sur M. Watelet : « Élève de la nature *et de la méditation* ». Du temps de Bertin, M. Watelet passait pour romantique. Quelques jeunes gens étaient même assez osés pour prendre son parti, et ils avaient surnommé sérieusement M. Watelet *le grand maître des eaux et forêts*. Aimable flatterie ! Mais de ce romantisme d'autrefois, qu'est-il resté? Des paysages qui auraient un grand succès en tableaux-pendules ou bien réduits à de plus petites proportions — sur des tabatières à musique, par exemple.

M. Desjobert est trop partisan de l'école Corot. Son paysage, œuvre consciencieuse, manque de naturalisme. Peinture *en dessous* et sournoise.

M. Buttura est le dernier rejeton des paysagistes académiques, le dernier élève fidèle aux saines traditions de l'école des Beaux-Arts. Les âmes errantes de Valenciennes, de Bertin, de Michallon peuvent seules le comprendre.

Il est des critiques qui ne reculent devant aucune comparaison. Ceux-là ont surnommé

M. Teytaud l'André Chénier du paysage. André Chénier ne doit pas être flatté!

M. de Curzon est encore un jeune paysagiste d'espérance, qui a exposé des dessins d'après Hoffmann, quoiqu'ils se rapprochent du style de M. Maréchal, chef de l'école de Metz. J'en dirai autant des dessins de M. Georges Brillouin.

M. Vidal — dont on sait l'immense réputation — est un élève de Marivaux. Ses dessins sentent l'ambre et le benjoin. Les riches lorettes en raffolent; mais la lithographie compromettra la finesse et les couleurs de papillon des œuvres de M. Vidal.

Un dessin qui vaut un tableau, c'est le lion d'Eugène Delacroix. Une véritable aquarelle, faite simplement et largement. Les jeunes gens, éblouis par M. Diaz et par ses fouillis chimiques, dans lesquels il entre de la gouache, de l'huile, de l'aquarelle, du *suif,* n'ont qu'à aller étudier cette magnifique étude pour voir à quel résultat peut atteindre la simplicité.

J'arrive aux oubliés : M. Alfred de Dreux, peintre de chevaux et du Jockey-Club, qui fait aujourd'hui des chasses historiques où l'on remarque des chiens plus gros que des chevaux. Peinture molle et brillante, peinture de décor.

M. Villa-Amil, un peintre espagnol qui ne ment pas à la couleur de son pays. M. Varcollier, un pauvre jeune homme, mort deux jours avant l'ouverture des Salons. Son tableau de l'Évanouissement de la Vierge indique bien qu'il avait été élevé à bonne école — chez M. Lehmann. M. Yvon, dont le Judas Iscariote aux enfers est d'une peinture large et solide. M. Lassalle-Borde, qui a fait une *Mort de Cléopâtre* d'une grande originalité. C'est un des meilleurs grands tableaux du Salon.

Je remercie un ami inconnu, M. Brunier, qui a écrit à mon adresse, dans la *Démocratie pacifique,* quelques lignes trop flatteuses. Diderot, envoyant à Grimm ses lettres sur le Salon de 1761, débutait ainsi : « Voici, mon ami, les idées qui m'ont passé par la tête à la vue des tableaux de cette année. Il y en aura de vraies, il y en aura de fausses. Tantôt vous me trouverez trop sévère, tantôt trop indulgent. Je condamnerais peut-être où vous approuveriez; je ferais grâce où vous condamneriez; vous exigerez encore où je serai content, etc. »

Cette lettre n'était pas destinée à être publiée, sinon Diderot n'eût pas écrit cette phrase. Le critique impose ses opinions au public. Fût-il absurde, il doit toujours avoir raison. Ne paraît-il pas à la foule un élu qui a certains sens plus développés que le commun, un homme doué d'une seconde vue? A quoi bon la critique, si elle ne rend pas trente mille individus croyants?

23 mai 1846.

EXPOSITION DE TABLEAUX

A L'ODÉON

EXPOSITION DE TABLEAUX

A L'ODÉON

C'ÉTAIT pourtant une très bonne idée que l'exhibition de peintures dans un foyer de théâtre. L'Odéon avait été le premier, l'an passé, à réaliser cette idée, et nous aurions cru qu'elle aurait trouvé des imitateurs. Il n'en a rien été, par la raison que les bonnes idées sont le contraire des mauvaises herbes : celles-là seules poussent et s'étalent avec audace.

J'admets que la tragédie déplaise à quelques-uns; on laisse tranquilles les éternels confidents raconter leurs alexandrins qui n'en finissent pas, — semblables à la vis d'Archimède, — et on va *entendre* les tableaux. Au moins ceux-là ne vous fatiguent-ils pas par leur verbiage et vous racontent-ils à peu de frais un drame, une comédie, une farce.

Il gèle dehors à *pierre fendre;* vous vous promenez dans des allées ombreuses où les arbres ruissellent du vert du printemps. Si vous préférez l'automne plus tranquille et d'un ton plus calme, le paysagiste vous mènera dans des coins où la feuille se dore, tremblante comme un vieillard.

La peinture est si bonne à voir, — quand elle est bonne!

Du temps de nos pères, le foyer se passait de tableaux. Foyer signifiait causeries, discussions littéraires. Mais aujourd'hui qu'on ne cause plus et que l'*americanisme* nous envahit, il arrive que le foyer est souvent désert, habité seulement par ses grands hommes de marbre, condamnés pour longtemps à voir nos figures pâles, nos habits noirs et nos chapeaux.

L'Odéon avait peut-être moins besoin que tout autre d'un musée de peinture, car, s'il y a encore quelques jeunes gens, c'est là qu'on les trouve discutant et s'inquiétant plus de la comédie que des actions du chemin de fer du Nord; mais l'Odéon s'est souvenu que la littérature et la peinture sont sœurs, et il a tendu cordialement la main aux peintres en leur disant : « Soyez les bienvenus, mes frères; nous vous donnerons une place à notre lumière, une part de nos bravos. » Ce que voyant, les peintres sont accourus, si bien que l'an passé les plus grands noms n'ont pas manqué à cette œuvre d'association.

Eugène Delacroix, le maître, avait envoyé cinq toiles, cinq esquisses fougueuses, d'une hardiesse qui ne le cédait qu'à la couleur.

Théodore Chassériau avait une petite toile, toute parfumée de poésie mythologique.

Théophile Gautier donnait un tableau et un prologue.

On y voyait aussi une marine de M. Eugène Sue, œuvre estimable qui aurait obtenu un immense succès dans les départements, et bien d'autres noms que j'oublie, MM. Corot, Rousseau, Belloc, Diaz, etc.

Cette année, l'exposition a renouvelé ses tableaux. Les honneurs sont pour MM. Corot,

Hédouin et les frères Leleux. J'ai retrouvé là de vieilles connaissances du Salon, et j'ai été tenté de serrer la main aux montagnards de M. Hédouin, de braves gens des Basses-Pyrénées qui n'ont pas l'air riche, mais qui ont une tournure très pittoresque dans leurs guenilles éclatantes.

Les frères Leleux ont exposé des *Faneuses de la Basse-Bretagne,* une *Danse suisse,* un *Intérieur,* dont il serait superflu de parler. Il n'y a eu qu'une voix dans la critique sur cette peinture fraternelle, solide en coloris, qui laisse bien loin la peinture de genre, telle qu'elle est généralement comprise.

M. Adolphe Leleux a en outre un très beau dessin d'après ses *Contrebandiers.* — Le dessin commence à prendre le pas sur l'aquarelle, sans que pour cela je veuille mettre à mort l'aquarelle. Les deux genres se valent, sinon que le premier est plus simple et moins prétentieux que le second.

Ainsi MM. Brillouin et de Curzon sont de fervents admirateurs du dessin. Je les confonds à cause que leurs procédés sont à peu près les mêmes, que leurs instincts sont égaux et qu'ils ont dû aller à pareille étude. Il y a chez eux un penchant à la rêverie, une recherche de *Vergis-mein-nicht*, une étude d'Hoffmann qui est loin d'être déplaisante.

L'Homère de M. Corot sera toujours une belle œuvre, noyée de poésie, digne du musée du Luxembourg, — du jour où le musée du Luxembourg saura qu'il y a au monde une douzaine de paysagistes d'un grand talent, complétement ignorés dudit musée.

M. Émile Wattier n'a qu'une aquarelle fine et coquette, comme tout ce qui sort de son pinceau.

Il faut nommer MM. Louis Leroy, Baccuet, Colin, Verdier, Bouquet et de Serres. M. Dourneau s'inquiète trop de la peinture maladive de M. Ary Scheffer.

Reste M. Maurice Sand, fils de George Sand et l'élève d'Eugène Delacroix. La peinture de M. Sand est un peu nébuleuse et vise trop à l'effet. Le jeune peintre abuse des ciels sombres et cherche trop à les mettre en harmonie avec son sujet. Parce qu'il y a des cadavres, des caissons brisés, des têtes enlevées, des bras coupés sur un champ de bataille, il se peut que le soleil se plaise à dorer toutes ces horreurs, — les nuages ne s'inquiétant guère de ce qui se passe sur la terre. Je ne critiquerais pas tant ces moyens sombres si je n'avais remarqué les mêmes effets employés dans les *Tambours de la République,* tableau supérieur au premier. Du reste M. Maurice Sand est jeune, il entend déjà l'harmonie et il est à grande et bonne école.

L'Artiste, *4 octobre 1846.*

REVUE DES ARTS

ET DES ATELIERS

REVUE DES ARTS
ET DES ATELIERS*

I

L'ÉCOLE DU CALQUE

Il y a à Paris, rue de Fleurus, plusieurs ateliers de jeunes gens aussi maigres que dessinateurs, aussi pâles que chauves (chauves au moral), qui s'appellent : l'École Gérôme.

L'école Gérôme a été semée, plantée et ar-

* Cette *Revue des Arts et des Ateliers* paraissait dans le *Pamphlet*, signée *Bixiou*.

rosée dans les plates-bandes du jardin la *Presse* par cet illustre horticulteur aux longs cheveux qu'on appelle Théophile Gautier.

L'école Gérôme a pour chef M. Gérôme, et pour sous-chefs MM. Picou, Hamon, de Lucy, etc., etc.

Quand ces jeunes citoyens commencèrent à étudier la peinture, ils allèrent chez M. Gleyre qui leur dit :

« Jeunes élèves, fermez les yeux devant les barbaries de l'école espagnole, n'arrêtez jamais vos regards sur l'impudique Rubens; au contraire, étudiez les vases étrusques, rien que l'étrusque. Là est la beauté, là est le beau. Pensez bien à cette parole : vous ne ferez de peinture qu'au moyen de l'étrusque. »

L'école Gérôme passa un an dans les galeries du Louvre, à regarder les vases étrusques; les contemplations agissaient sur leur tempérament et les rendaient d'une maigreur idéale.

Le soir, le citoyen Picou chantait à l'atelier des mélodies qu'il avait déchiffrées sur un manuscrit étrusque; et le chef de l'école, le citoyen Gérôme, fondait en larmes, et disait à ses petits amis : « Sommes-nous étrusques? Le sommes-nous! »

M. Ingres entendit parler des bons enseignements quê M. Gleyre avait prodigués à ses élèves : il alla rue de Fleurus.

« Chers disciples, dit-il, vous êtes dans une bonne voie; montrez-moi vos peintures. »

L'école Gérôme avoua que le pinceau ni la palette n'avaient jamais sali les mains de ses adeptes, et qu'ils se contentaient d'admirer les vases étrusques.

« Cela ne suffit pas, dit M. Ingres; je vais vous donner quelques préceptes qu'il faut mettre immédiatement à exécution... Tous les matins, vous sacrifierez à votre ressemblance sur les autels de l'illusion; ensuite, vous calquerez des bas-reliefs du Panthéon. Vous déjeunez et vous décalquez encore des bas-reliefs du Panthéon.

— Vive M. Ingres! » cria l'école Gérôme.

M. Ingres fondit en larmes et pressa sur son cœur toute l'école, comme un seul homme.

Depuis, les membres de l'atelier de la rue de Fleurus sacrifièrent tous les matins à leur ressemblance sur les autels de l'illusion, calquèrent, recalquèrent et décalquèrent.

Cette méthode les rendit plus étrusques que les vases de ce nom. Mais ces jeunes peintres

devinrent cruels; ne pouvant trouver de modèle d'un style assez pur, ils s'attachèrent une jeune fille, modèle de profession, la lyonnaise M***, et l'enfermèrent dans une petite chambre pour la faire maigrir.

Cette fille, qui ne mangeait que du pain et qui ne buvait que de l'eau (dans une amphore, il est vrai), arriva à un degré de santé fort peu satisfaisant, mais très étrusque.

Une des plus belles filles des ateliers de Paris, Pauline-de-la-rue-M.-le-Prince (on l'appelle ainsi), fut refusée par l'école Gérôme, quoiqu'elle possédât des jambes d'une pureté antique; mais sa gorge avait trop de ressemblance avec celles qui s'étalent si impunément dans les tableaux de Jordaens: et le citoyen Gérôme ne pardonnera jamais à Jordaens sa grosse et belle peinture.

Aujourd'hui, l'école du calque est au comble de la joie; la diligence de Lyon vient d'amener à Paris la sœur de M***, un modèle plus maigre que nature, un squelette ambulant.

31 mai 1848.

II

CONCOURS DE RÉPUBLIQUES

DAUMIER ET PRÉAULT.

PERSONNE n'oubliera jamais cette triste exhibition des Républiques à l'École des Beaux-Arts. C'étaient des Républiques rouges, roses, vertes, jaunes, en marbre, en pierre, en ivoire, rissolées, culottées, grattées, ratissées; des Républiques en habit à ramage, en garde national, en robes de soie, en robes de chambre; des Républiques vêtues de chaînes, vêtues d'attributs, vêtues de rien du tout.

Les peintres avaient eu la simplicité de croire que le mot de *concours* suffit à tout, même à donner du talent. Aussitôt l'ordonnance parue au *Moniteur,* ils s'en vont acheter un bonnet rouge chez la mercière du coin.

Ils prennent la première fille venue. « Allons, dégrafe ta robe, brandis une pique, mets le bonnet rouge sur le coin de l'oreille. »

Et ils s'imaginent qu'ils ont fait une République.

Au milieu de ce concours, on a pu remarquer au premier étage de l'École des Beaux-Arts, perdue dans un tas de peintures médiocres, une toile simple, sérieuse et modeste.

Une femme assise porte deux enfants suspendus à sa mamelle; à ses pieds, deux enfants lisent.

La République nourrit ses enfants et les instruit.

Ce jour-là, j'ai crié : « Vive la République ! » car la République avait fait un peintre : DAUMIER !

Il y avait quelques hommes à Paris qui répétaient que Daumier était un grand artiste. Ces quinze personnes passaient pour des êtres bizarres.

« Daumier le caricaturiste, Daumier du *Charivari,* Daumier qui crayonne des bourgeois au nez retroussé, un grand artiste ! »

Le Français aime le sérieux et le didactique.

S'il admet Goya, peintre et caricaturiste, c'est à cause de sa qualité d'étranger.

L'accent (cette rare qualité), qui fait qu'un petit dessin sur bois de Daumier ne peut être attribué à aucun autre maître, ne suffit pas au public. Et il a fallu cette sérieuse et forte esquisse du caricaturiste, pour prouver aux incrédules que Daumier peut marcher à la suite de Delacroix, d'Ingres et de Corot, les trois seuls maîtres de l'école française actuelle.

Il est un autre homme plein de génie, de fougue, d'audace, mais à qui il a manqué des travaux qui convinssent à son tempérament, le sculpteur Préault. Si la monarchie lui avait donné des monuments à décorer, il aurait fait ce que le Puget fit pour la poupe des vaisseaux, des chefs-d'œuvre.

« Ah ! disait Préault en passant sous l'arc du pont d'Arcole, pourquoi Cavé ne me commande-t-il pas une grande figure pour mettre là-dessus ? »

Une autre fois, Préault voulait noyer dans le bassin du Luxembourg des tritons, des sirènes, et il aurait dépassé les grands artistes du XVIIe siècle qui ont décoré les bassins de Versailles.

Préault n'est pas un de ces artistes *inconnus* qu'on essaie d'imposer au public. Il faut voir son atelier et ces débris monumentaux qu'il a fallu, hélas! casser pour faire place à d'autres essais, de même qu'un poète brûle des liasses de vers à chaque déménagement.

Enfin, Préault a eu des travaux, mais des travaux commandés. La *commande,* c'est la mort de l'art. Allez dire à Balzac de faire une tragédie! Préault est un sculpteur qui comprend la *grande machine,* on lui donne une statue au Luxembourg.

Jamais je n'ai vu des dames de marbre aussi affligées que celles qui se promènent sous les arbres du Luxembourg. Pauvres princesses et pauvres héroïnes qu'une *idee* d'un commis des Beaux-Arts a enfantées. La *Clémence Isaure* de Préault ne peut guère se réjouir du triomphe qu'elle remportera sur ses rivales : les rivales n'ont aucun agrément.

6 août 1848.

III

LE COMBAT DE COQS

QUELQUE temps après la révolution de Février, il fut question de placer au Luxembourg une des plus belles œuvres de Delacroix, la *Liberté*. On ne l'a pas fait et on a eu tort. Cette toile a eu du malheur; commandée par Louis-Philippe, elle fut cachée dans un grenier, comme trop révolutionnaire.

Je n'en dirai pas un mot. Henri Heine a écrit là-dessus dans son volume de la *France* trois belles pages. D'un autre côté il est fâcheux que ce tableau n'ait pas été exposé au Luxembourg, M. Couture ne serait peut-être pas aussi plein d'orgueil et de morgue.

Ce pauvre Thomas n'a pas de chance, et il a un cruel ennemi dans la personne du conservateur du musée. Un jour on lui achète l'*Amour de l'Or,* et on place son tableau sous celui des *Femmes d'Alger.* Jugez de l'effet qu'aurait produit l'*Orgie romaine* en face des *Barricades* de Delacroix! C'est du plomb à côté de l'or, un bouchon de carafe à côté d'un diamant, une mare à côté de la mer.

Cependant M. Couture n'est pas dépourvu de toutes qualités, il est adroit; il brosse une toile aussi vite qu'un autre brosserait un habit, mais il semble avoir appris dans les ateliers de l'Opéra; il est grand *décorateur.* Donnez-lui à peindre de l'architecture, des draperies, des meubles; le reste ne vaut pas même Natoire et un tas de maîtres ignorés du XVIIIe siècle.

Peut-être serais-je moins sévère si l'école Couture n'existait pas, c'est-à-dire une race de jeunes rapins qui n'ont appris à se connaître qu'en étoffes damassées à fleurs et qui habillent tous leurs personnages — religieux ou païens, bibliques ou mythologiques — en étoffes pour fauteuils.

M. Couture, qui n'avait rien exposé au Salon de 1848, a grandi par la réputation de M. Gérôme, inventé par Théophile Gautier. Nous avons aujourd'hui l'école Gérôme, et le jury n'a pas rougi d'accoler le nom du plus grand maître de l'école française, Eugène Delacroix, à celui de ce rapin étrusque.

L'école Gérôme est l'école du bon sens de la peinture. Pour entrer là dedans, il n'y a besoin ni de se sentir des instincts de coloriste, ni des instincts de dessinateur ; il s'agit d'être *sage*. A l'âge de dix ans, un enfant *laborieux* fera aussi bien le tableau de M. Picou que celui de M. Gérôme. Ces jeunes gens, sortis du giron de M. Gleyre, se servent de calques antiques, sorte de guide-ânes, pour arriver à la peinture *distinguée*.

Je me promenais au Louvre avec Théophile qui s'extasiait beaucoup devant le *Combat de coqs* de M. Gérôme. Les coqs surtout lui inspiraient une admiration démesurée.

« C'est aussi beau, disait-il, que des animaux de Snyder. »

Je lui répondis alors la seule chose raisonnable, une raison qui n'a frappé aucun critique :

« Ce tableau vous semble charmant et *nouveau*, parce que personne ne vous a jamais montré la Grèce familière, et j'approuve aussi cette idée, car les Grecs de tragédie, les Grecs de David, ne sont pas des Grecs; à de certaines heures, les Grecs se livraient aux actes que Téniers a peints avec tant de comique dans l'ombre de ses tableaux. Enfin, les Grecs buvaient en *mangeant la soupe*. M. Gérôme a donc dessiné des jeunes Grecs qui jouent avec des coqs, idée audacieuse qui aurait effrayé les *connaisseurs* de 1800. Mais la rage du *distingue* a poursuivi M. Gérôme, qui nous montre des enfants impossibles, des enfants de vase étrusque, des enfants en marbre; vous, Gautier, vous admirez beaucoup les coqs, mais ils ne sont pas vus par le même œil qui a vu les enfants; le peintre qui n'a pas trouvé sur les monuments antiques des coqs sculptés, des coqs de marbre, a été obligé d'acheter au marché à la volaille des coqs; il les a peints avec un grand soin, ils se battent bien, ils sont vrais. Et c'est là le malheur, le tableau est incomplet; il a été peint par deux hommes de tempérament tout à fait dissemblable. Que diriez-vous, Théophile, de M. Ingres priant Diaz de lui faire quelques fleurs dans un coin de son tableau? Tel est le tableau des coqs moitié *distingué*, moitié *canaille*, car l'école Gérôme appelle *canaille* tout ce qui est la vie. Les jeunes Grecs sont en marbre, les coqs sont en chair et en os; les personnages sont peints d'après le procédé Gleyre, les animaux sont peints d'après nature. Voilà où conduisent les systèmes; là encore, je comprends le système, mais cruel, féroce, impitoyable, tel que l'a pratiqué M. Ingres toute sa vie, tandis que ces jeunes Gérôme, Picou, et le reste, ne voient même pas assez clair pour s'apercevoir que la peinture aussi niaise que distinguée manque de logique. »

6 août 1848.

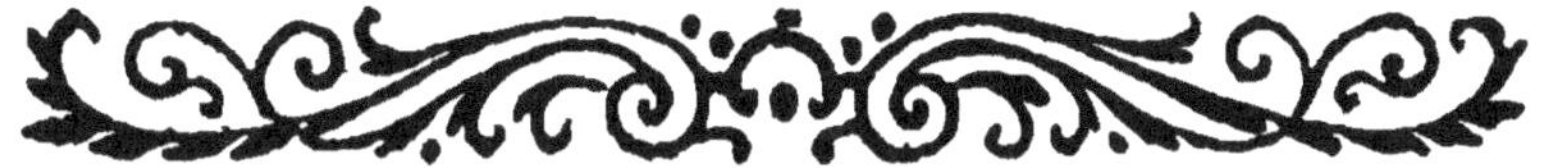

IV

M. GARRAUD.

Je ne connais pas d'hommes plus intrigants que les peintres, qu'il ne faut pas confondre avec les *artistes*. Ceux-là sont rares qui vivent de peu, ne pensent qu'à leur métier et ne se réunissent pas en coteries.

L'honnête homme qui met le pied dans ces coteries perd la tête et se sauve. Delacroix, qu'on avait nommé président du club des Artistes, pensa devenir fou; quant à Daumier, qui fut traîtreusement attiré dans un des nombreux cénacles de l'île Saint-Louis, il souriait de pitié devant les prétentions exagérées de ces personnes qui s'imaginent faire de l'art.

La révolution de Février avait bouleversé l'esprit des peintres; après le coup d'État de M. Garraud, ils se croyaient tous, le lendemain, directeurs de musées, inspecteurs à cinq mille francs, voyageant dans les départements aux frais de la République.

Il est vrai que l'affaire Garraud fut si imprévue, qu'il y avait de quoi donner le vertige.

Avant la révolution, M. Garraud était sculpteur, de ces sculpteurs sachant leur métier comme il y en a cent à Paris.

Aussitôt le dernier coup de fusil tiré, M. Garraud commande par file à droite à sa compagnie, marche tambour battant au ministère de l'Intérieur, fait entrer ses hommes dans des corridors tortueux à lui connus, et ouvre brusquement la porte du cabinet de M. Cavé.

Bonaparte entrant dans le Conseil des Cinq-Cents à la tête de ses grenadiers, devait ressembler à M. Garraud.

La lutte ne fut pas longue : M. Cavé n'était pas en force, et M. Garraud s'empara du siège des Beaux-Arts. Que M. Cavé aurait beau jeu à écrire sur ce sujet un petit proverbe dans le feuilleton du *Constitutionnel!*

Le lendemain, ce fut chez les artistes un

bruit tel que le bourdon de Notre-Dame ne serait en comparaison qu'une petite crécelle. Garraud, chef des Beaux-Arts! Garraud le sculpteur! Garraud de Dijon! Quel est ce Garraud? Gare, oh!

Pendant ce temps-là, le nouveau presque ministre se prélassait dans son fauteuil. Nous devons lui rendre cette justice que, pendant son court règne, il fit un beau trait qui est resté inédit.

M. Garraud, qui avait longtemps fréquenté les artistes, qui connaissait leurs souffrances, alla au-devant d'un pauvre sculpteur méconnu et le fit mander au ministère.

« Monsieur, lui dit le directeur des Beaux-Arts, j'ai vu au Salon une de vos statues; elle est fort remarquable. Je sais qu'elle est restée dans votre atelier... Voyons, combien la vendriez-vous?

— Douze mille francs, répondit le sculpteur.

— Ah! monsieur! la République n'est pas riche... Douze mille francs, c'est beaucoup d'argent, dit le directeur des Beaux-Arts. Songez que votre statue sera placée dans un musée, dans un des meilleurs musées de départements... Dites votre plus juste prix.

— Eh bien, reprit le sculpteur, je laisserai ma statue pour huit mille francs.

— C'est convenu, dit le chef des Beaux-Arts; je vais signer la commande. »

Le directeur des Beaux-Arts s'appelait Garraud.

Le sculpteur méconnu s'appelait Garraud!

Malgré tout l'intérêt que portait aux arts le successeur de M. Cavé, il fut bientôt remplacé, cette fois sans tambour ni trompette, par M. Charles Blanc. On voit beaucoup sur les quais le premier volume de l'*Histoire des Peintres français*. Cette publication, qui n'a pas été terminée, a servi M. Blanc beaucoup plus qu'un livre ne sert d'ordinaire.

L'histoire des peintres français était consciencieuse et patiente; elle avait un peu plus d'esprit qu'un catalogue du Musée; de plus l'auteur, républicain de la veille, frère de M. Louis Blanc, avait rédigé la *Réforme*. M. Louis Blanc, en même temps qu'il n'organisait pas le travail des ouvriers, organisa une petite place pour son frère. M. Louis Blanc est tombé; M. Charles Blanc restera-t-il? Les peintres qui lui ont donné leur signature pour l'*appeler* à cette place importante, ne semblent pas aujourd'hui bien disposés; mais l'opinion des peintres est si peu de chose!

M. Jeanron lui-même, un des leurs, a été très attaqué. M. Jeanron, républicain de la veille, fut accusé, aussitôt son entrée à la direction du Louvre, d'être un *gros mangeur*. On se disait le poids des biftecks ou des rosbifs — coupés dans les plus fins filets — qui entraient dans l'estomac de M. le directeur du Musée.

Biftecks ou non, M. Jeanron a rendu un grand service aux artistes. Il les a débarrassés de M. de Cailleux, jadis à la tête des Musées royaux, homme sans intelligence, têtu, iconoclaste, qui a détérioré plus de vingt chefs-d'œuvre.

C'est maintenant seulement que le Louvre existe. Le Salon Carré est une merveille, une collection de chefs-d'œuvre comme on n'en peut voir aucune en Europe. C'est le Walhalla des peintres! On peut saluer d'un seul coup et Rembrandt, et Rubens, et Watteau, et le Poussin, et Véronèse, et Murillo, et le Titien, et le Lorrain, et Ostade, et Léonard de Vinci.

Les écoles sont par ordre; il est facile de suivre les maîtres et leurs élèves groupés autour d'eux.

Pour moi, je m'arrête dans une petite travée qui contient, chose précieuse, les maîtres primitifs des écoles allemande, hollandaise et flamande. Quelle sincérité et quelle naïveté!

Le *système* n'a rien à voir dans ces douces compositions. Les gens admirateurs de M. Ingres n'ont qu'à regarder attentivement Lucas de Cranach, Lucas de Leyde, Grégoire Peins, Jean Van Eyck, Wohlgemuth, Antoine Moro, Otto Venius, Hans Memling, Martin Schœn-Gauer, Quinten Metsys, et le maître à tous, HOLBEIN.

Que M. Ingres, avec son système rigoureux, est petit à côté de ces grands peintres!

6 août 1848.

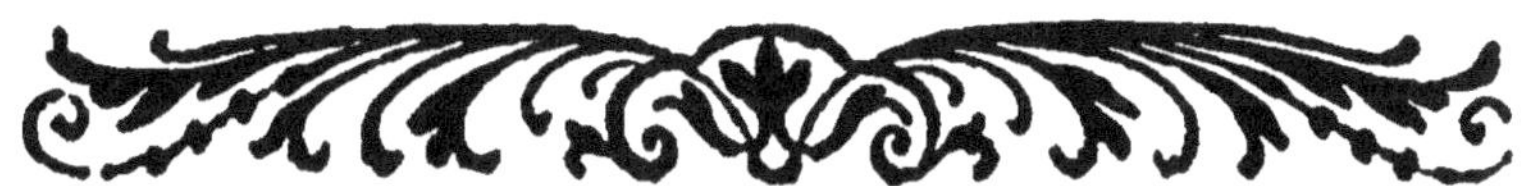

V

INGRES ET JANIN, CHENAVARD.

Théophile Gautier a envoyé, avec un feuilleton, plus de trois mille personnes dans l'àtelier de M. Ingres; jamais le grand ingriste ne vit pareille foule. Il ne se croyait plus en République. Ce portrait de Mme de Rothschild faisait un tel bruit que M. Jules Janin, lui-même, se crut obligé d'aller le voir.

Je dis *lui-même,* car en beaux-arts M. Janin est d'une myopie désespérante. S'il voit un tableau, c'est avec les yeux de Ricourt. Quand Ricourt a dit à son ami : « Regarde! » Janin se précipite le nez sur le tableau et le flaire comme une sauce.

J'étais dans l'atelier de M. Ingres quand Janin est entré avec Ricourt. Ricourt, comme toujours, servait de cornac, et le critique des *Débats* s'enthousiasmait avec un tel bruit que son *enthousiasme* m'a paru bien froid.

Il a fait des lignes avec son enthousiasme... « Elle est donc là, la femme de tous les jours, sans art, sans emphase, dans son attitude accoutumée, etc., etc.

« Elle parle, elle écoute! Sa tête est ornée d'une toque en velours surmontée d'une plume blanche! Retenez votre souffle, car ces plumes vont s'envoler!...

« Les bras, ah! les bras! et ces deux mains! surtout la main droite! cette main *parle,* elle commande, il faut obéir, obéissons! »

Je me suis demandé, après avoir lu ce singulier feuilleton, quel auteur Janin relisait depuis huit jours; il n'y a pas à en douter, c'est Diderot. La citation précédente est calquée phrase pour phrase, mot pour mot, sur les fameux *Salons,* chose d'autant plus probable, que j'ai retrouvé, dans le feuilleton des *Débats* du lundi 28 août, un mot textuel, plus une phrase exacte de Diderot. Il sera arrivé que M. Jules Janin, se préparant à aller chez M. Ingres, relut les critiques sur l'art de l'amant de la Voland, et que la phrase si nette et si colorée du philosophe lui resta trop vivement dans le souvenir.

Voilà pourquoi il vaut mieux ne pas parler peinture, quand on parle si bien de théâtre.

Un beau parleur sur la peinture, c'est Chenavard. Il n'en fait pas, mais comme il en cause! Cependant, quand je dis qu'il n'en fait pas, j'oublie les énormes travaux du Panthéon, ces fresques colossales que lui a commandées M. Ledru-Rollin, dans ses jours de grandeur.

On dit que les *cartons* sont près d'être terminés. Je ne les ai pas vus; je ne veux pas les discuter par avance. D'ailleurs, les engagements pris par M. Ledru-Rollin avaient un bon côté. Le ministère sera libre d'arrêter les travaux, si les *cartons* soumis à un jury ne réunissent pas la majorité des suffrages.

J'aime mieux raconter une conversation que Chenavard tenait un jour chez M. de Balzac.

« Les noms, disait le peintre, exercent une grande influence sur l'individu.

— C'est vrai, répondit M. de Balzac. Si vous saviez les recherches inouïes que m'a demandées chaque nom de la *Comédie humaine!* Je suis le seul romancier qui ait fait des études profondes sur les noms.

— Un exemple, dit le peintre. Je m'appelle Chenavard; je décompose mon nom, j'y trouve *Chêne* et *avare*. Regardez mon corps, je suis solide, bien bâti, *chêne*. Maintenant, loin de dépenser mon petit patrimoine, je le mesure avec un grand soin; je ne suis pas généreux...

— Donc, vous êtes avare, dit M. de Balzac.

— Hélas! ce n'est pas ma faute, reprit le peintre, c'est la faute de mon nom : Chenavard.

— Hé bien! dit M. de Balzac, je crois que vous avez mal compris le sens des deux mots qui composent votre nom. Vos beaux dessins savants, qui tiennent un peu de la rudesse de ceux de Michel-Ange, me donnent de même *chêne;* mais comme vous produisez peu, très peu, vous êtes *avare*... de votre talent. Donc, *chêne* et *avare*, Chenavard. »

10 septembre 1848.

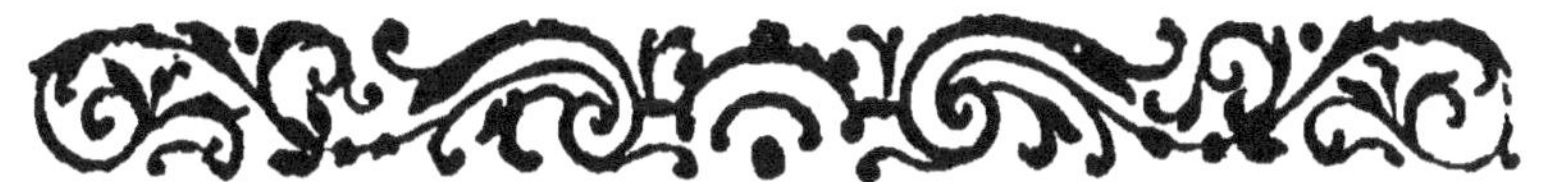

VI

LA *RÉPUBLIQUE* DE M. MÜLLER.

Nous avions déjà la république de Platon, *revue* par M. Arsène Houssaye, nous avons aujourd'hui la république peinte de M. Müller.

M. Müller est un homme d'esprit.

L'école Couture a quelque esprit, surtout les chefs; ainsi, il fait beau d'entendre chez le marchand de couleurs Scherdam les mots piquants de MM. Müller et Couture, mots d'autant plus piquants qu'ils sont mis en relief par les dindonneries de M. Lépaulle.

Mais l'esprit ne sert à rien sur une palette.

De chaque poil de la brosse sortirait un calembour que le tableau n'en serait que plus médiocre.

Je comprends l'esprit sur les boulevards en fumant un cigare; on entre chez Desforges, on fait ses compliments à la beauté un peu rustique du comptoir; on s'arrête devant le café de Paris en faisant cercle; on a beaucoup de succès dans les coulisses de l'Opéra!

Mais cela ne ressemble guère à de la peinture.

Tel est à peu près M. Müller, coloriste douteux, dont les tableaux eurent jadis grand mérite auprès du grand monde.

Le grand monde ne ressemble pas au bourgeois en matières picturales.

Le petit bourgeois veut son portrait (petite nature), avec fonds de paysage, par Pingret.

Le bourgeois riche ou banquier ne connaît que M. Dubufe.

La cour de Louis-Philippe avait accaparé M. Winterhalter.

Il ne restait donc à l'école Couture qu'une classe, celle des gentilshommes. M. Müller, connu comme peintre romantique, *mais distingué*, eut l'honneur d'envoyer au Salon des portraits avec blason sur le fond! Et quels cadres! Des cadres à faire frissonner de plaisir M. de Balzac.

Les cadres ne font pas la peinture.

Du reste, M. Müller s'était essayé dans des toiles plus sérieuses; il se lança tour à tour dans le biblique et dans le mythologique; mais le sacré ne lui réussit pas plus que le profane.

Cependant il faut dire qu'au milieu de cette peinture lâchée apparaissaient des qualités, qualités accusatrices qui signalaient un peintre, mais un peintre se fiant à son audace et ne s'inquiétant guère de la science.

Dans ce temps-ci on est arrivé à une habileté incroyable d'exécution, science, hélas! toute d'épiderme : M. Müller est un charmant peintre d'épiderme. Les os, il ne les a jamais vus, et il s'en soucie autant qu'une bourgeoise qui achète un pot-au-feu et qui se fâche contre la *réjouissance*.

Toute l'école devint l'*enfant chéri* de la presse; la critique les sacra peintres. Mais il arrive un moment où les oints des feuilletonistes ne protègent plus les têtes des artistes.

Depuis quelques jours, je suis poursuivi par la République de M. Müller; elle se promène chez tous les marchands de couleurs, chez tous les marchands d'estampes.

Cette République fait partie de la collection

d'*ours* refusés par le jury des Beaux-Arts. Décidément l'ours littéraire est mieux élevé; on le lit une fois, on le voit jouer une fois, et on s'en garde; mais l'ours pictural, il reste constamment dans la rue, où il vous enfonce avec cruauté ses griffes dans les yeux.

La République-ours de M. Müller est d'un tempérament mou; elle tient les tables de la loi d'une main, une branche d'olivier et des chaînes brisées de l'autre.

L'esprit de M. Müller aurait dû travailler à trouver des attributs moins connus.

Cette République se distingue par sa gorge très prononcée. Quelques laitières vendent du fromage à la crème dans le sentiment de cette gorge.

La tête est niaisement sévère, faite avec des lignes rondes qui cherchent la dignité.

M. Müller s'est trompé; il se consolera en disant qu'il a des frères. Nous allons voir dans quelque temps, hélas! les vingt-quatre concurrents de l'École des Beaux-Arts.

24 septembre 1848.

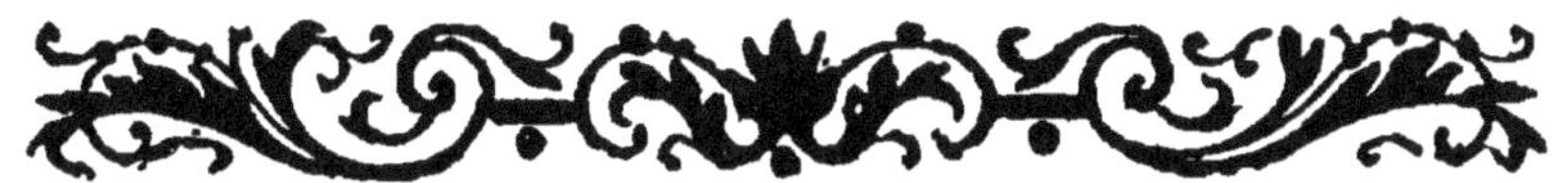

VII

UN TABLEAU D'HOGARTH ET UN DESSIN DE M. DEHODENCQ.

J'ÉTAIS resté l'autre jour trois heures au Louvre; j'avais dans la tête un trésor de peintures; cependant j'ai rencontré sur mon chemin deux œuvres toutes différentes qui m'ont forcé de m'arrêter.

La première est un tableau d'Hogarth, peu connu en France comme peintre. Les magazines ont beaucoup nui à Hogarth.

Ils nous l'ont montré caricaturiste moralisant, un grand travers de quelques caricaturistes.

Le caricaturiste est toujours moraliste; il n'a pas besoin de prêcher, ce n'est pas son rôle.

S'il montre le vice, cela suffit à nous faire haïr le vice; et il faut toute la candeur de l'Académie pour couronner *Crime et vertu, Pauvrete et richesse,* et autres sujets à pendants.

Ainsi, les *Filles de joie* de Goya n'ont pas besoin d'être doublées de religieuses; ainsi, les *Macaire* de Daumier ne demandent pas à être accompagnés de l'homme au petit manteau bleu.

Hogarth, lui, met tellement en doute l'intelligence des lecteurs et des *regardeurs,* qu'il compose des suites d'histoires où il montre inévitablement à chaque feuillet tantôt le mauvais sujet, tantôt le bon sujet, l'apprenti honnête, l'apprenti malhonnête.

Grandville est mort avec ce péché sur la conscience, croyant moraliser les masses avec des aricatures à sujet double.

Heureusement, Hogarth n'est pas seulement moraliste; mais le reste de son œuvre comique est féroce tout à la fois et peu connu des artistes.

Sa peinture, qu'on ne connaît pas en France, est supposée froide et sèche. Quelques personnes qui ont été en Angleterre m'avaient confirmé dans cette opinion, lorsque j'ai vu chez un marchand de tableaux celui-cì que je vais essayer de décrire.

Devant la porte d'un cabaret anglais, une foule de personnes joyeuses, des dames de la halle, des paysannes, regardent la scène qui se passe au premir étage. Sur le premier plan, un cavalier plein de dignité lève les yeux en souriant; un paysan grimpe à un arbre pour mieux voir; une dame se cache un peu derrière un mur, et n'en regarde pas avec moins de curiosité ce qui se passe en haut.

Au contraire, un ministre protestant et sa femme, tous les deux habillés de noir, qui prenaient de la bière au cabaret, baissent les yeux et gémissent de la comédie qu'on donne en haut.

Et il y a de quoi!

Par la fenêtre du milieu s'étalent deux fesses considérables, sur lesquelles on a peint deux yeux, un nez et une paire de moustaches. Au premier abord on peut se méprendre sur ce gros visage; mais l'étude ne laisse pas, malheureusement, de doutes sur cette grosse plaisanterie.

Pour mieux attirer l'attention des curieux près du *spectacle*, deux nègres sonnent de la trompette.

Tant pis pour les esprits chagrins, qui ne verraient là que le sujet de se voiler la face. Le tableau est dans les limites du comique.

Il est dans les limites du comique, par sa franche exécution. Le sujet serait ignoble, peint par M. Biard.

Cela est facile à comprendre. Le pinceau de M. Biard est aussi trivial que son esprit. Là, au contraire, dans ce tableau *presumé* d'Hogarth, tout est peint avec une finesse joyeuse et distinguée.

Je dis tableau *présumé* d'Hogarth, car la signature *(Hogarth,* 1758), qui se trouve sur la porte du cabaret, ne me prouve rien; au contraire, je me défie des signatures. La peinture a la facilité de Lancret, de Pater, et des petits maîtres du XVIIIe siècle, avec un peu plus de force cependant.

L'œuvre d'Hogarth, au cabinet des estampes, ne contient rien de semblable à cette joyeuseté; je comprends à peine qu'un peintre anglais ait osé montrer un tel sujet à une société qui a toujours le mot *shocking* à la bouche.

L'autre œuvre remarquable est un simple dessin de M. Dehodencq.

Le dessin du 23 *février* — jour fatal, bien

voisin du jour de Werner — a arrêté une foule énorme devant l'étalage de Desforges.

Nous l'avons tous vue, cette scène d'horreur magnifique qui décida la chute de Louis-Philippe.

Ce jour-là, le 23 février, dix coups de fusil tirés par maladresse n'ont pas tué vingt hommes; ils ont tué la royauté.

M. Dehodencq n'a vu que les vingt hommes tués, traînés la nuit dans un chariot, à la lueur des torches, roulant au bruit d'un tambour voilé.

Il n'a rien voulu voir que les cadavres se levant tout à coup soulevés par des mains mystérieuses; il n'a entendu que ces voix sauvages qui crient : « Vengeance! »

C'est un dessin étrange, brutal, qui rappelle certaines esquisses de maîtres espagnols. Un tel dessin vaut beaucoup de grandes toiles.

1er octobre 1848.

VIII

PORTRAIT EN PIED DE M. INGRES.

J'AI vu deux fois M. Ingres : la première fois, dans la cour de l'Institut, où il demeure. M. Ingres avait un bonnet de coton. Combien l'admiration des plus enragés ingristes se serait envolée devant cette chaude mais bourgeoise coiffure !

Une autre fois, M. Ingres se prélassait à l'orchestre des Français. M. Ingres a cette mauvaise habitude d'assister trop souvent aux représentations de messieurs les comédiens ordinaires — de la République.

Pour ces solennités, M. Ingres met un chapeau en feutre gris à larges bords, non pas de ces chapeaux pointus chers aux rapins, mais un chapeau de meunier aisé.

Du reste, Delacroix a le même travers; il n'a jamais manqué une représentation du *Tancrède* de M. de Voltaire. Un tel enthousiasme pour le Ponsard tragique du XVIIIe siècle paraissait si peu en harmonie avec le tempérament chagrin et fougueux de l'illustre coloriste, qu'un de ses amis s'inquiéta de ce qu'il pouvait trouver dans *Tancrède.*

« J'aime cet ouvrage, répondit Delacroix; il y a beaucoup de drapeaux! »

Et on sait quelle dépense de *drapeaux* Delacroix fait dans ses tableaux. M. Ingres n'a pas la même excuse; il n'aime pas les drapeaux, par la simple raison qu'il n'aime pas l'air, et que des étoffes bariolées ne voltigeraient pas, mais resteraient aussi plates que des punaises sur ses fonds.

M. Ingres va aux Français parce qu'il se dit : « C'est un théâtre classique, je suis classique, mangeons du classique. »

Et il a la bonne foi de trouver classiques MM. de Courcelles, Michel Carré, Galoppe d'Onquaire, Augier et Latour-Saint-Ybars.

M. Ingres est tout bonnement un bonnetier excentrique.

Du bonnetier il a la tournure, les mœurs et l'entêtement. Il y a en ce moment, dans la cour de l'Institut, des raisins enveloppés soigneusement dans des sacs à papier, des raisins d'hiver. Ces raisins, conservés avec toute la minutieuse prudence d'un bourgeois, sont à M. Ingres.

De l'excentrique, M. Ingres a toutes les manies — hygiéniques ou artistiques. Il ne mange pas de viande et suit pas à pas les doctrines de M. Gleizes sans les connaître.

Il adore la musique systématiquement, se découvre quand on parle de Mozart, et gémit au nom de Rossini. M. Ingres mangerait plutôt une souris que d'entendre une note de Rossini.

Aussi un jour entra-t-il dans une colère plafond-homérique en entendant ses élèves chanter un air de *Moïse*.

« Ce n'est pas en chantant, s'écria-t-il, que vous apprendrez la peinture. On ne peint pas la bouche ouverte. »

Les élèves, qui s'ennuyaient de rester toute la journée à copier le modèle, comprirent que c'était le chant de Rossini qui avait troublé le maître; le lendemain, ils chantèrent un morceau de Haendel. M. Ingres entra rayonnant.

« La musique, mes enfants, est une grande chose; elle délasse la main qui tient le pinceau. »

Une autre manie de M. Ingres est de craindre la critique, à un tel point que Mme Ingres ne veut recevoir que le *Journal des Débats*, confiante dans l'admiration éprouvée du père Delécluze.

Tous les autres journaux sont supprimés; Mme Ingres les confisque, et ne les jette même pas dans ce triste réduit où, coupés par petits carrés, ils subissent la plus amère des humiliations.

Cette crainte de la critique tient tellement le peintre, qu'il s'est retiré depuis longtemps des expositions du Louvre; et, par une maladresse incroyable, il exposait presque toute son œuvre à la galerie Bonne-Nouvelle.

M. Ingres n'avait pensé qu'à une chose, à la *petite chapelle*, où, séparée des autres œuvres contemporaines, sa peinture devait recueillir le fruit de trente années de travaux; mais cette exposition ne prouvait qu'une chose, le *doute* de l'artiste pendant quinze ans.

Cette collection de tableaux si différents les uns des autres mettait à nu les souffrances du peintre, qui avait passé par bien des chemins tortueux avant de trouver la route sèche et crayeuse qui fait que l'œuvre de M. Ingres ressemble aux terrains de la Champagne pouilleuse.

Je ne veux pas dire du mal du *doute* dans les arts; beaucoup de grands talents ont passé par cette maladie; mais les grands génies, les vrais génies n'ont pas douté.

Raphaël a douté toute sa vie.

Rubens n'a jamais douté; Delacroix, qu'il faut toujours citer quand on parle d'hommes de génie, est venu tout d'une pièce. Le *Virgile aux enfers* du musée du Luxembourg, qui a été peint en 1823 ou 1825, est le début assuré de ces chefs-d'œuvre qui aboutissent au fameux plafond de la Chambre des pairs.

M. Victor Hugo n'a jamais douté.

M. de Balzac cherche encore, mais il ne doute pas.

M. Ingres n'est donc qu'un homme de talent patient et douteur. Dans un second article, je montrerai les ruses et les larmes de M. Ingres, qui, dans sa vie, a autant pleuré qu'une borne-fontaine.

12 octobre 1848.

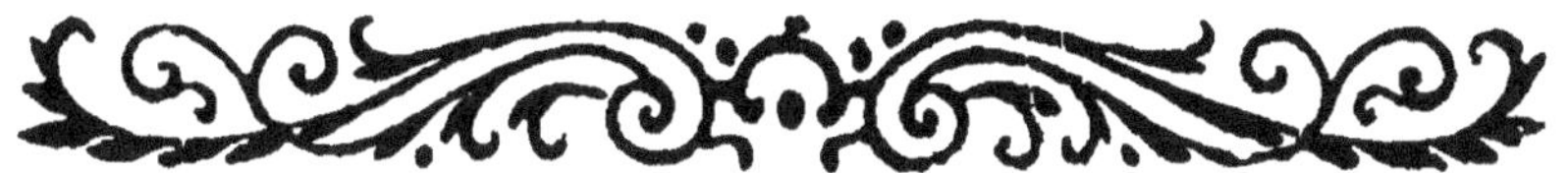

IX

LA *JEANNE D'ARC* DE VERSAILLES

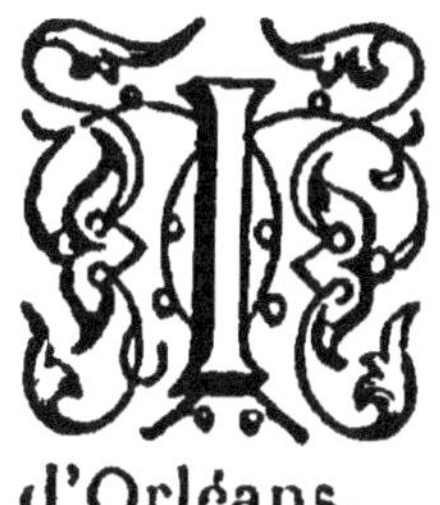

Il est une statue, au musée de Versailles, *Jeanne d'Arc*, l'œuvre d'une femme, d'une princesse morte de la famille de Louis-Philippe, Marie d'Orléans.

Cette statue est médiocre.

Elle a été répandue par toute la France, en statuettes, en plâtre, en biscuit; elle a été lithographiée, gravée, etc. Quelques écrivains se sont plu à faire de la statue de Jeanne d'Arc un chef-d'œuvre; puis cette malheureuse princesse se mourait, et la critique a voulu adoucir les douleurs de la famille royale en ne discutant pas l'œuvre de Marie d'Orléans.

Voici ce que viennent de faire les républicains de la veille :

Ils ont fait gratter le nom du sculpteur, qui se trouvait sur le socle de la statue.

Au curieux qui ira visiter le musée de Versailles et qui s'inquiétera du nom de l'auteur de *Jeanne d'Arc,* le gardien ne doit pas répondre.

Ayez donc une fois le courage de vos opinions, bousingots, clubistes et rouges; laissez sur le socle de la statue le nom de *Marie d'Orléans,* et écrivez au-dessous : *ex-princesse aristo!*

Ou bien, imprimez sur le livret que cette statue est l'œuvre du hasard, qu'elle a été ébauchée par une main invisible, que le marbre volait en éclats sous les coups d'un marteau mystérieux.

Vous êtes aussi niais, aussi idiots que le roi de Bavière, qui refusait une place à Luther dans son Walhalla!

Il y a dans les bas-fonds de la peinture des drôles qui suivent toute cette ligne politique. Tout le monde connaît deux petites figures de plâtre, d'après *François,* si je ne me trompe : l'une rit, l'autre pleure. Des mouleurs ont profité de la république pour ajuster sur les deux petites têtes un bonnet phrygien à celle qui rit, une couronne à celle qui pleure. Un marchand d'estampes a commandé ce sujet à M. Lassalle, lithographe. Cet ouvrier intelligent s'est appliqué à donner à la figure couronnée une ressemblance avec le comte de Paris.

L'*Événement*, qui est un journal plein de courage, a écrit sur ce sujet un premier-Paris plein de verve et d'audace, c'est-à-dire que les gens du *National* ont laissé vendre depuis la révolution les caricatures les plus infâmes contre Louis-Philippe et l'ex-reine, mais qu'à la première petite malice lithographiée sur M. Sénart, les gens du *National* ont fait saisir.

Riche imprudent, songe à l'éternité!

ainsi que dit M. Delsarte dans une mélodie qui ne pensait guère au *National*.

M. Charles Blanc, qui a écrit l'autre jour, dans le *Moniteur*, un rapport sur les arts du dessin sous la République, déplorait le mauvais goût qu'entretiennent certaines images chez le peuple des villes et des campagnes.

M. Charles Blanc, à ce propos, s'est mis fort en colère contre le *Juif-Errant*, *Geneviève de Brabant*, et les comiques imageries d'Épinal.

Le directeur des Beaux-Arts n'a pas le sentiment des arts : puisqu'il citait des exemples, il devait s'en prendre à ces ordures politiques que la police aurait dû faire saisir le jour de la mise en vente.

Mais M. Charles Blanc n'a donc jamais vu les vieux bois usés de l'imprimerie de Pellerin? Il y a de la naïveté là dedans. Le pauvre tailleur en bois qui a gravé ces légendes avec son couteau était plein de sentiment et de croyance.

M. Charles Blanc ne met pas en doute, j'imagine, la franche poésie des complaintes du *Juif-Errant*, de *Geneviève de Brabant*, sublime poésie que bien de grands poètes envient; mais ce qu'il serait bon d'empêcher, puisqu'il y a un bureau de police exprès, c'est :

— Je m'en vas me payer un mobile...

— Tapons sur Louis-Philippe!

et autres poésies de ruisseau, pleines de boue et de sang, qui corrompent le peuple.

Aussitôt la révolution, le *Charivari* commanda à Daumier une série de caricatures sur Louis-Philippe. Le grand artiste se met devant sa pierre et reste une journée sans pouvoir dessiner un trait. Cependant Daumier a le crayon facile et laborieux. Il resta trois jours sans pouvoir faire de caricature politique.

Le journal envoyait tous les jours chercher la première pierre. Enfin Daumier fait une caricature anti-philippiste forcée : elle était très mauvaise. Sur le refus de son grand artiste, qui ne voulait pas continuer la série, le *Charivari* confia des pierres à des dessinateurs inconnus, qui pensèrent que cinquante francs faisaient taire toute espèce de respect envers l'ex-roi.

19 octobre 1848.

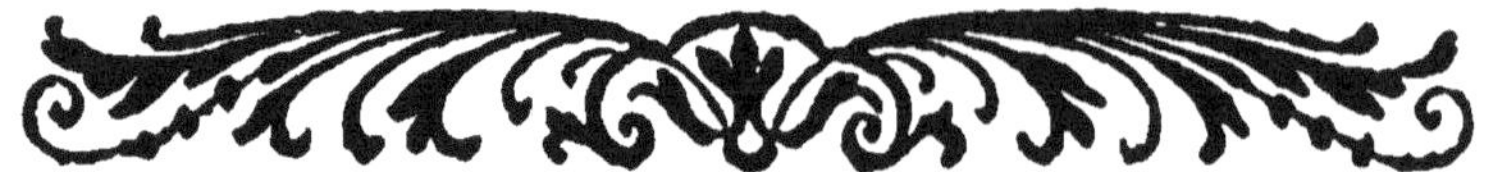

X

SILHOUETTE DE M. INGRES

(EN TANT QUE LACRYMAL)

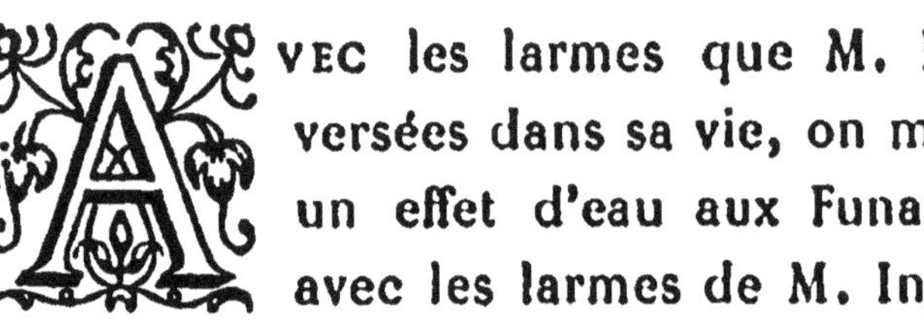

AVEC les larmes que M. Ingres a versées dans sa vie, on monterait un effet d'eau aux Funambules; avec les larmes de M. Ingres, on remplirait la Seine; MM. Flandrin, Amaury-Duval, Comairas et les adeptes de l'école ingriste ont tous un précieux flacon rempli de pleurs gris, qu'ils ramassaient avec beaucoup de soin sur leurs études quand le maître les corrigeait à l'atelier.

Pourquoi ces larmes? on ne sait pas. Les médecins ont constaté l'épanchement du grand peintre et ne l'ont pas expliqué. Je vais, à l'imitation des médecins, citer des faits que, seul, réunira en corps de doctrine l'auteur de la *Nature hyperphysique de l'homme,* le docteur Wallon, ce bizarre philosophe.

1er FAIT. — Une grande dame montait une loterie en faveur des pauvres; elle alla vers M. Ingres, qui lui offrit sa bourse. « Oh! monsieur Ingres, je désire mieux que cela. Nous avons pensé qu'il serait très original de mettre votre main en loterie. »

M. Ingres regarda avec frayeur la quêteuse, tremblant de voir sortir un long couteau de dessous son manchon. La dame expliqua qu'il s'agissait seulement de mouler la main qui avait peint de si admirables toiles. Après bien des difficultés, M. Ingres consentit.

Le mouleur vient. « Je n'ai pas le temps, dit le peintre avec impatience, revenez une autre fois. » Huit jours se passent; le mouleur arrive. « Revenez dans une quinzaine, » dit M. Ingres. Le mouleur revient; le peintre n'était jamais préparé. Cependant le jour de la loterie approchait; la grande dame, qui connaissait l'humeur inquiète de M. Ingres, vint à l'Institut: « Je crains, dit le peintre, que l'opération ne me fatigue et ne m'empêche de jouer du violon de quelques jours. » La dame supplie, et obtient qu'on fasse appeler l'ouvrier mouleur immédiatement.

M. Ingres se jette, désespéré, dans un fauteuil et s'écrie : « Ah! mon Dieu! ah! mon Dieu! » Le mouleur approche avec sa jatte de plâtre; l'artiste détourne la tête et pousse des soupirs sans fin pendant qu'on étend la première couche liquide de plâtre sur la main. A entendre les gémissements, on eût dit un malheureux à qui on coupe une jambe. L'opération terminée, M. Ingres se lève et *fond en larmes.*

« Souffrez-vous, monsieur Ingres? — Ah! mon Dieu! ah! mon Dieu! ah! s'écrie l'auteur du *Plafond d'Homère.* — Mais enfin, monsieur Ingres... — Tenez, madame, répond l'artiste en reconduisant brusquement la grande dame, prenez vite cette main et emportez-la, que je ne la revoie jamais. »

Un an après, M. Ingres visitait un peintre de ses amis et regardait les objets d'art accrochés au mur; tout à coup il s'arrête, tremblant, devant une main en plâtre. « Comment vous êtes-vous procuré cette main? dit-il d'une voix émue. —

Mais tous les artistes l'ont; elle se vend chez Micheli. — Ah! mon Dieu! s'écrie M. Ingres, tous les artistes... Je ne veux pas... Je le savais bien... On m'a moulé de force; c'était pour en abuser... *(Il sanglotait.)* Il faut détruire cette main. — Mais, monsieur Ingres, quand je briserais cette épreuve, il y a un bon creux; elle est maintenant dans le domaine public.

— Ah! s'écria M. Ingres, ma main dans le domaine public, quelle profanation! »

Ce jour-là, M. Ingres versa la matière d'un petit jet d'eau tel qu'il s'en voit dans les jardins de province. Remarquez que ce moulage de main de grand homme n'est pas le premier : on vend partout la main de M. de Voltaire et la main de Liszt, la main de la Lescombat et la main de la princesse de Belgiojoso.

Pleurs inexplicables.

2e FAIT. — Un architecte de l'Institut avait rapporté d'un voyage une quantité de vues, de dessins, de croquis, de lavis, dont il tapissa les murs de son appartement.

Les dessins d'architecture n'ont jamais égayé l'âme; l'encre de Chine pousse au marasme. Outre les dessins encadrés, le membre de l'Institut avait couvert un gros album de coupes, de plans, de façades, d'élévations, d'épures. A son retour, il donna une grande soirée, à laquelle M. Ingres fut prié.

M. Ingres, étant le plus considérable des invités, fut pris par la main et conduit devant chaque cadre. Le peintre se donnait quelque mal pour trouver force formules admiratives; il se croyait délivré de cette ennuyeuse exhibition de lavis à la sépia et à l'encre de Chine, lorsque l'architecte lui présenta son volumineux album. M. Ingres regarde attentivement la première page, s'arrête longtemps et *fond en larmes*.

L'objet de ce singulier enthousiasme était... un chapiteau de colonne.

L'architecte tint à honneur de motiver et même de redoubler l'enthousiasme d'un si rare admirateur de lavis; il tourna la page.

« Oh! dit M. Ingres, ne m'en montrez pas davantage... l'enthousiasme me fait trop souffrir. »

Et il continua à verser de doux *pleurs*.

Je n'ai pas besoin d'expliquer que M. Ingres abusait de la facilité de ses glandes lacrymales à verser leur contenu, pour se débarrasser d'un fallacieux membre de l'Institut.

3° FAIT. — Un an après avoir livré le portrait du duc d'Orléans, M. Ingres sollicitait la faveur de revoir son œuvre. Le duc répondit en envoyant une voiture de la cour. Avant de partir pour les Tuileries, M. Ingres se fit bander les yeux ; un laquais le conduisit dans la salle où était accroché le portrait.

Le duc s'y trouvait, et respecta, sans la comprendre, l'apparition du peintre avec un mouchoir sur les yeux. Il resta silencieux pendant qu'on préparait un fauteuil pour le peintre et qu'on l'y conduisait en ôtant tout à coup le bandeau, choses qui avaient été réglées à l'avance. Pendant deux heures, M. Ingres resta assis sans mot dire et parut plongé dans les plus profondes réflexions.

Puis il *fondit en larmes*.

Le duc d'Orléans vint pour s'enquérir de cette subite affliction.

« Ah ! monseigneur, s'écria avec enthousiasme M. Ingres, le beau portrait que vous avez là ! »

26 octobre 1848.

XI

EXPOSITION INTIME A L'ATELIER DE M. INGRES.

« On *ne montre plus les tableaux.* »

Telle est l'inscription fatale, inscrite à la craie sur la porte de l'atelier de M. Ingres.

Hélas! hélas! hélas! on ne verra donc plus le portrait de Mme de Rothschild, ce portrait dont la robe de soie ne serait pas reniée par l'agréable et doux pinceau de M. Schlesinger.

« *On ne montre plus les tableaux.* »

Eh quoi! cette Vénus sortant de l'onde ne sera plus admirée que par le crayon inquiet d'un graveur au trait.

En tout cas, petits tableaux commencés, recommencés, esquissés, refaits de mille sortes, avec un personnage de plus, un personnage de moins, aimables changements qui prouvent la fécondité de M. Ingres, les yeux amis, les regards adulateurs ne pourront plus les dévorer.

J'ai vu le dernier jour de cette exposition-chapelle et je ne l'oublierai guère plus que si j'entendais les trompettes du jugement dernier.

Dire que c'est de ce logement enfumé, triste, terne et gris, qu'est sortie la réputation européenne de M. Ingres, les admirateurs du contour pur ne le croiront pas.

Ce qu'il faut voir, chose bizarre, ce sont les dieux lares de plâtre qui encombrent la maison. Faunes, Hercule, Bacchus, Apollon, Jupiter, ils protègent de leur souvenir mythologique la gloire non moins fabuleuse de l'adorateur de la ligne.

La ligne!!! on ne se doute pas quelle patience de teneur de livres, quel soin de metteur en page il faut pour arriver à un résultat aussi pleutre.

Voici un des procédés employés par M. Ingres pour *pècher* à la ligne : il prend un modèle vivant et le couvre de dix voiles d'une fine gaze. Le contour du modèle apparaît très flatteur; le peintre dessine ce contour. Il enlève un voile : le contour est déjà moins indécis; M. Ingres revient sur son dessin faiblement indiqué. Et ainsi de suite jusqu'à la chute du dernier voile qui laisse voir le modèle dans toute sa crudité de lignes.

Ainsi M. Ingres enlève tour à tour les dix gazes et recommence dix dessins; procédé de sauvage! La sculpture coloriée, la sculpture habillée, les figures de cire seulement peuvent lutter de barbarie avec cet art méthodique, cruel, barbare.

Le portrait de Mme de Rothschild rappelle par plusieurs côtés cette exactitude froidement féroce; il y a sur sa toque en velours une petite broche qui sert à accrocher une plume. Cette broche n'est rien. Elle est tout dans le portrait de M. Ingres.

Je n'ai vu que la broche.

Elle est étudiée avec un soin, avec une complaisance inouïe; elle semble avoir été vue par la loupe fichée à l'œil d'un horloger. Rien ne manque à la petite broche; mille pierres grosses comme la tête d'une épingle scintillent comme des lézards au soleil, comme le point lumineux d'une bombe de savetier.

Les maîtres primitifs, les Flamands, chérissent le détail autant que M. de Balzac; mais quand vous voudrez vous amuser à peindre un bijou, une bague, un ostensoir gothique, toujours faut-il que l'objet aimé soit au premier plan et non pas perdu dans des profondeurs où l'œil ne saurait l'atteindre.

Toute la peinture de M. Ingres est là : l'exacte imitation du détail mal placé.

Je reviens à ces mœurs inexplicables : les dieux de plâtre protecteurs de l'atelier. Quoique dieux de plâtre, M. Ingres les chérit comme des diamants. Il ne veut pas que la poussière ternisse la blanche couleur de ses antiques. Aussi les a-t-il protégés chacun d'un petit toit en papier : ce papier est un journal, ce journal est le *Journal des Débats;* chaque journal contient un feuilleton, chaque feuilleton est de M. Delécluze. J'ai remarqué des débris informes, des morceaux de plâtre fruste qu'on jetterait d'un sixième étage sans crainte de les voir changer de forme; ces espèces de pavés antiques sont également protégés par une gazette, pourquoi?

Toute l'œuvre de M. Ingres, toute sa vie, se résument dans un simple fait :

Les marchands de papier vendent aux dessinateurs un certain papier qui s'appelle, depuis de longues années, *papier Ingre*.

Ce papier est GRIS !

5 décembre 1848.

XII

M. INGRES BOULEVERSE LE LOUVRE. LE JURY LÈVE LA TÊTE.

Il vient de paraître dans le *Moniteur* une collection d'articles indigestes sur l'ouverture du prochain Salon. Après plusieurs lectures attentives, j'ai compris que le *jury était rétabli*.

Pourquoi? On n'en sait rien; sans doute l'aura voulu ainsi le vieillard à la peinture terne, qu'on appelle M. Ingres; sans doute l'aura voulu ainsi M. Thiers, qu'on est convenu d'appeler un *connaisseur*.

Or M. Ingres vient de faire démolir les travaux intelligents exécutés au Salon Carré par MM. Jeanron et Villot, et il l'a fait avec l'assistance de M. Thiers, l'auteur d'une brochure sur le Salon de 1823.

M. Ingres n'aime pas Véronèse, il méprise Velasquez, il crache volontiers sur les Flamands; et il a donné un coup de ses gros souliers au Tintoret, à Rembrandt, tandis que M. Thiers envoyait ses petites bottes dans la poitrine de Léonard de Vinci et d'Ostade.

Ils aiment Raphaël, rien que Raphaël, toujours Raphaël, le doux Raphaël, l'aimable Raphaël, le tendre Raphaël; à cause de Raphaël, ils feignent une certaine admiration pour ses devanciers, une certaine estime pour ses élèves. Et ils vont consacrer le Salon Carré à Raphaël, c'est-à-dire à cinq ou six tableaux, dont trois sans aucune valeur; mais il y aura de grands cartons de M. Ingres représentant la vie de Raphaël et l'éternelle Fornarina.

On présume qu'il y aura des sous-cartons de M. Paul Delaroche, sous-admirateur de Raphaël, le tout encadré d'un certain velours vert ou violet qui va coûter quelque chose comme cent cinquante mille francs à la nation.

Mais, au grand jour des représailles, nous arracherons votre velours vert ou violet, et en même temps les cartons de M. Ingres. Cependant il faudra en garder un, un seul, comme on a conservé au musée du Luxembourg une grisaille d'un M. Granger, afin d'inspirer aux jeunes gens la honte de semblables choses.

Quant au jury, il est honteux que la République rétablisse cette triste invention : sous aucune forme le jury n'est possible. Vous le composez d'illustres artistes : mais il n'y a à Paris que trois ou quatre illustres artistes. Vous y mêlez des amateurs ; pourquoi ? Qu'est-ce qu'un *amateur* ? Est-ce moi ou M. de Luynes ? Moi qui appelle toutes les colères du ciel sur la tête de M. Ingres, ou M. de Luynes qui fait décorer son château par le même M. Ingres.

Vous dites que les élèves de Rome verront leurs ouvrages reçus sans contrôle. Qu'on m'en cite un de vos élèves de Rome qui soit revenu plein de talent, plein de force ! Delacroix n'a pas été à Rome, Daumier n'a pas été à Rome, Decamps n'a pas été à Rome, Corot n'a pas été à Rome.

Vous dites aussi que les membres de l'Institut seront admis au Salon sans contrôle ; je reprends Delacroix, Daumier, Corot et Decamps, qui ne sont pas de l'Institut. Regardez donc les plafonds au Louvre de vos membres de l'Institut, vos Picot, vos Mahaisse, vos Drolling, etc., et dites de bonne foi si de telles œuvres ne méritent pas plutôt une exclusion *à tout jamais* des expositions de peinture!

Vous dites encore que les peintres qui ont obtenu aux Salons précédents la croix, des médailles, seront reçus les yeux fermés; or, tout ce qu'il y a à Paris de femmes-peintres, c'est-à-dire la honte de la peinture, est médaillé. Quand par hasard le jury envoie une médaille à un grand artiste, c'est pour l'insulter. Delacroix a reçu une médaille de première classe la même année que M. Gérôme. Dans ce cas, une telle assimilation, Delacroix et M. Gérôme, est l'insulte la plus grave qui puisse se faire.

Quant aux jurés, pour avoir l'air de les choisir probes et libres comme on disait sous Louis-Philippe, chaque peintre a le droit d'en choisir une quinzaine, en les mélangeant d'*amateurs*. C'est à en perdre la tête qu'une telle combinaison.

L'an passé, si l'Institut avait continué ses séances commencées sous la monarchie, les vieillards couraient le grand risque d'être jetés par-dessus le pont des Arts.

Le Salon fut libre et il fut beau.

Tous furent admis; je sais bien qu'il s'y glissa des peintures sans nom, des œuvres honteuses, cruelles, sauvages et naïves; mais le public en fit bonne justice. Ce furent des couronnes de chardons, des cris, des huées telles, que les pauvres peintres-vitriers en histoire, qui avaient osé affronter le jugement du peuple, demandaient en grâce d'emporter sournoisement leurs tableaux.

Et encore on sifflait ces malheureux, tandis que le jury monarchique des membres de l'Institut avait reçu, en 1837, à la majorité, Une Lecture d'Andrieux au Théâtre-Français, de M. Heim, membre aussi de l'Institut!

Messager des Théâtres, *9 janvier 1849.*

SALON DE 1849

SALON DE 1849

I

L'ÉCOLE GÉROME

EN 1844, il y avait, rue Sainte-Marguerite, un petit restaurant d'apparence douteuse, si douteuse qu'on aurait pu l'appeler hardiment *gargotte*. Le matin, les maçons du quartier venaient manger leur soupe et leur bœuf. Le soir, les maçons étaient remplacés par des jeunes gens à longs cheveux, qui accouraient comme des affamés, sans chapeaux la moitié du temps, avec des vareuses tachées de couleurs ou salies de terre glaise.

Presque tous ces jeunes gens étaient pâles,

blonds, d'une couleur fade. Comme il fut question de prolonger la place Saint-Sulpice, le rédacteur en chef de cette cuisine économique signifia à ses clients qu'il allait s'établir rue Saint-Benoît.

En 1847, en effet, la maison qui fait le coin de la rue Taranne et de la rue Saint-Benoît, cette maison où habita Diderot, attira tous les curieux du quartier.

C'étaient, à l'intérieur, des fresques antiques, des imitations de Pompéi, des femmes d'une tournure archaïque dont ne se rendent pas coupables les peintres ornemanistes qui peignent des cartouches à la porte des marchands de vin.

L'affaire venait de ce que les jeunes rapins, qui allaient dîner à douze sous par tête chez le père Laffitte de la rue Sainte-Marguerite, étaient devenus tout d'un coup presque célèbres par un hasard.

Le grand-maître s'appelait Gérôme.

Immédiatement marchait après lui le blond Picou.

Quant aux autres, ils n'avaient pas de nom et n'en auront jamais: MM. Jobbé-Duval, Hamon, Isambert, de Lucy, Burthe, Labrador, etc.

Ces jeunes peintres ne crurent mieux prouver leur reconnaissance envers le *bœuf entrelardé* et les *pruneaux pour deux* du père Laffitte qu'en faisant de leur pinceau un jardinier prudent qui sema des fleurs et des fruits antiques.

L'école de Gérôme n'eut pas longue vie; dès l'an passé, le maître voyait son nom tomber comme une feuille d'automne. On essayait d'inventer M. Picou; cette année, au Salon, M. Picou peut donner la main aux Jobbé-Duval et autres Isambert.

Tous se valent.

Il faut dire que ces jeunes gens se nourrissaient d'une façon déplorable. Quelle hygiène! Leurs repas allaient de douze sous à vingt sous. Toujours du veau, du veau sous toutes les formes, viande non pas bienfaisante, mais *rienfaisante,* qui explique leur faiblesse de pinceau.

Si l'école Gérôme mangeait du mouton chez le père Laffitte, c'était à l'état de fade ragoût, sans épices, nageant dans une sauce aqueuse.

Jamais de vin! le vin, c'est la joie, c'est le sang, c'est la *couleur.*

Or, le vin leur faisait peur, parce qu'il éblouit les yeux comme le soleil.

Ils n'aimaient que l'eau à boire et la lune à

regarder; les plus audacieux de l'école Gérôme buvaient *du cidre*. Mais les buveurs de cidre passaient pour des traîtres et des schismatiques.

Ce qu'il leur fallait, c'était de l'eau de laitue correspondant à la gamme sang-de-navet de leurs peintures poitrinaires.

Du reste, un fait caractéristique, que comprendront tout de suite les gens sérieux, explique mieux la manière de peindre de l'école Gérôme que toutes les critiques.

Leur maître s'appelle *Gleyre*.

L'italique que j'ai employé à dessein pour ce nom, indiquera clairement aux moyennes intelligences les rapports du nom et de la peinture, sans entrer dans des détails repoussants de maladies.

Il n'est pas nécessaire, je pense, de parler autrement de la peinture *pâlote* d'une école si justement appelée *ecole du calque*. Sous Louis-Philippe, quand un peintre était chargé d'exécuter le portrait du roi, pour ne pas perdre de temps à dessiner, il louait, moyennant la somme de douze francs, un grand calque dit *poncif*, au moyen duquel, en deux heures, on obtenait un contour certain du monarque.

L'école Gérôme a usé de ce moyen pour tous ses tableaux : dessins du Parthénon, dessins de la colonne Trajane, dessins de Pompéi, ils en ont bourré leurs portefeuilles et s'en servent perpétuellement, en leur donnant un certain côté grec moderne qui a la valeur du *Moineau de Lesbie*. Souvenirs catulesques et souvenirs étrusques se valent.

J'admets comme divertissement, délassement ou fantaisie, des essais comme ceux de Gœthe, les *Poésies romaines,* par exemple; mais toute une race de jeunes rapins qui s'accrochent aux vases étrusques, et ce n'est pas pour y boire, cette race est maudite.

L'école Gérôme a les mêmes principes que l'école du bon sens. L'école Gérôme a réalisé le *Sterling good sense,* de MM. Ponsard, Barthet, Feuillet.

L'école Gérôme est sortie un jour de la gargotte Laffitte,

Tout comme

L'école du bon sens était sortie un soir de la boutique de l'épicier Bocage.

Je plains les deux écoles, et s'il en était temps encore, je rappellerais ces jeunes gens à la pudeur.

La Silhouette, 1er *juillet 1849*.

II

DU PAYSAGE MODERNE

COROT ET FRANÇOIS BONVIN.

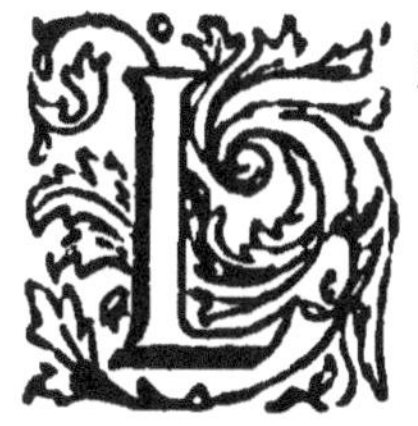E nom de Corot est populaire aujourd'hui, chose d'autant plus bizarre, que Corot est le *seul grand* paysagiste français.

Sa peinture ne fait pas *psttt, psttt* au public, elle ne joue pas de la grosse caisse pour l'oreille du bourgeois. Et cependant le nom de Corot est populaire aujourd'hui.

Mais il y a vingt ans que Corot lutte, il y a vingt ans que Corot accroche dans son atelier cinq ou six toiles invendues. — On doit voir par la multiplication le précieux musée qui existe quai Voltaire.

Corot est devenu populaire par ses confrères les peintres. Il n'inspirait pas de craintes; il avait trois ou quatre mille livres de rente; insouciant, il n'aurait pas fait un pas pour vendre un tableau. Les artistes, race de jaloux maladroits, proclamèrent partout le nom de Corot.

Entre tous les artistes, les paysagistes se sont toujours fait remarquer par leur bonté et leur inhabileté dans le monde. Les paysagistes n'ont pas le sens critique aussi développé que les peintres; ils sont moins jaloux; ils cherchent moins la réputation, la réclame. Et cela se comprend : ils vivent avec la nature. La nature les rend meilleurs.

Même du groupe des paysagistes, Corot ressort par ses qualités supérieures d'homme. Il a la grosse joie d'un barbier du village et la candeur d'un ministre protestant.

Corot m'a toujours semblé Lavater peintre de paysages. Et n'a-t-il pas de grands points de ressemblance avec Gessner, plus remarquable comme graveur à l'eau-forte que comme poète?

Aussi les critiques d'art — qu'un socialiste

en colère appelait *pinacarques* — se sont-ils largement trompés à l'endroit de Corot. En général, les critiques d'art se laissent mener par les peintres; ils n'ont pas le courage de voir avec leurs yeux; ils regardent avec les yeux des teneurs de palettes. Les peintres ont donc dit : Corot; et les critiques ont répété comme des échos : *Corot.*

Seulement, ils ne comprenaient rien à la peinture modeste du gros homme. Ainsi ils l'ont appelé *Théocrite,* de même que le notaire à lunettes qui se nomme Barthet a été traité un moment de *Catulle,* uniquement pour avoir été déterrer un moineau (*mogniot* plutôt) et l'avoir élevé dans du coton.

Corot-Théocrite n'a aucune signification; Corot a longtemps cherché et cherche encore. C'est un génie irrégulier qui ne se connaît pas toujours. N'a-t-il pas fait des paysages religieux, des paysages historiques, des paysages antiques, des paysages modernes? Ce titre de *Théocrite* a dû plus d'une fois troubler la tête du bonhomme sorti à l'âge de trente ans d'une boutique de marchand drapier où il *aunait* avec soin les draps de son père honoré.

Cependant il y a un fait qui prouve la force

de caractère de Corot. Depuis une douzaine d'années, il fait à chaque saison le voyage d'Italie.

L'Italie ne l'a pas corrompu.

Et bien plus, il fait le voyage avec deux de ses amis, peintres comme lui, MM. Bertin et Aligny, paysagistes de *style*.

J'admire quelle force de caractère il faut pour ne pas se laisser entraîner par deux abîmes qui sont à côté de vous, qui copient la même fabrique, qui dessinent le même arbre. Le soleil se couche, on ferme sa boîte à couleurs, on détend les parapluies, on se montre les *etudes* faites en commun. Corot a dû plus d'une fois être *effraye* de la différence qui existait entre sa toile et celles de ses amis. S'il avait de l'orgueil, il aurait dit à part lui : — « Où diable Aligny voit-il dans la nature des prétentions au style, à la tragédie? Et ce pauvre Bertin, Bertin créé par Dieu, son œil est fabriqué par Dieu; et c'est ainsi qu'il emploie cet admirable instrument à traduire l'œuvre de Dieu. »

Mais Corot ne raisonne pas, ne critique pas; il est admiratif, il trouve *beaux* les paysages de ses amis et se garde de les imiter.

J'ai dit que la peinture de Corot était *modeste,* pour faire comprendre ce qui la sépare de la peinture *bruyante.* A deux reprises différentes, il m'a été donné de voir réunis dans des musées, surtout au Salon de 1849, Corot, Flers, Marilhat, Troyon, Rousseau et Jules Dupré. Tous ces paysagistes ont un grand talent. Leurs tableaux sont *voyants;* tous les artifices de la peinture sont employés; les uns cherchent l'étrange en même temps que la simplicité comme Rousseau; les autres, comme Jules Dupré et Flers, se plaisaient à la nature grasse et riche; les derniers tableaux de Marilhat reproduisaient les soirs tranquilles de l'Orient.

Corot resplendissait au milieu de ces rivaux dangereux; il ne resplendissait pas comme le soleil, il était pur comme quand le jour paraît dans la campagne, que le brouillard se dissipe et que la rosée enveloppe chaque brin d'herbe.

Sans tapage, sans fracas, un paysage de Corot peut être accroché dans une chambre et regardé *toujours.* Combien de tableaux aujourd'hui peuvent être regardés un mois de suite, sans ennuyer le propriétaire?

François Bonvin, un nouveau peintre, arrivera un jour à de pareils résultats. *La femme qui taille la soupe* est un tableau qui indique toute une école de jeunes peintres, toute une génération nouvelle qui part de principes opposés à ceux des peintres romantiques de 1830. *La femme qui taille la soupe* est un tableau *historique*, tout comme les Buveurs de Brauwer sont un drame. Il y a longtemps heureusement qu'on est revenu de la *majesté* des sujets.

François Bonvin, peintre de la famille, mérite un Diderot enthousiaste. Pour lui, un pot, une cruche, un vase, une tasse, sont des *sujets* aussi compliqués et aussi mystérieux qu'un homme, aussi aimables, aussi étranges qu'une femme. Aussi dans ses tableaux verrez-vous le soin, le respect avec lequel sont traités ces objets et le rôle important qu'ils jouent dans les mains des acteurs qui les tiennent.

Si j'ai mis François Bonvin à côté de Corot, c'est que ses tableaux ont le même aspect vertueux et sont également l'antipode de la peinture saltimbanque.

Heureusement, il reste dans le gros du public des traces de naïveté qui se font jour à travers la corruption. On a vu une *Dame au piano* et des *Carriers,* deux tableaux de Bonvin qui n'avaient pas été aussi bien placés que la *Femme qui taille la soupe,* exposée dans le salon d'honneur.

8 juillet 1849.

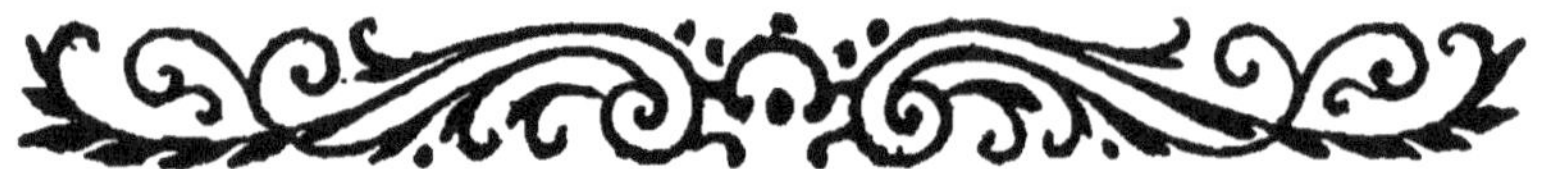

III

DELACROIX.

Tous les ans j'entends dire : « Il n'y a rien au Salon ; » phrase sincère dans la bouche de ceux qui s'en servent, mais qui tient à des habitudes assez indifférentes en peinture.

Comme toujours, il y a beaucoup au Salon. Il y a trois grands maîtres : Delacroix, Corot, Préault, un peintre de génie, un paysagiste et un sculpteur. Il y a trois nouveaux maîtres : Daumier, Courbet, François Bonvin, c'est-à-dire une jeune peinture sérieuse, convaincue et déroutante pour toute la génération des peintres romantiques qui se sont suicidés par l'abus du *procédé*.

Singulier génie que Delacroix, qui peint des *immensites* comme la Chambre des pairs, la Chambre des députés, et qui se repose les septièmes jours, en faisant des noces juives, des interprétations de Shakespeare et de Gœthe, des lithographies, et aujourd'hui — des tableaux de fleurs.

Oui, pendant quelque temps la République l'avait tracassé, — d'ailleurs la République lui avait crevé un tableau, assez peu connu, au musée du Palais-Royal; tout fécond producteur qu'on soit, on n'est pas content de recevoir des coups de baïonnette dans le corps de ses enfants.

Au contraire, sous la monarchie, Delacroix avait fini par être estimé dans les ministères, dans les *bureaux* qui disposent de toutes les commandes. Je dis que Delacroix était *estimé,* mais ce n'était pas pour sa peinture. On lui donnait des commandes un peu à cause des souvenirs de son père, feu Delacroix, ancien ministre, et un peu à cause de ses manières d'homme du monde et de son exqüise politesse.

Delacroix n'est pas l'artiste échevelé; il est d'une méthode dans sa toilette, d'une simplicité propre et brossée qui fait tomber à la renverse ceux qui poussent trop loin les rapports de l'homme et de la peinture.

Mais il y a chez Delacroix le regard noir et brillant qui n'appartient qu'aux grands coloristes; il y a chez Delacroix, déjà âgé, une forêt de cheveux noirs, signe de force. Et maintenant ne vous arrêtez pas trop aux habits, et tâchez de fouiller dans cette figure jaune et citronneuse, vous y verrez des traces de souffrances, d'inquiétudes, de chagrins; vous y trouverez en même temps qu'une inflexibilité puissante, cachée dans deux lèvres pincées, des colères sans cesse attisées par les quarts d'intelligence, la race des critiques amis ou ennemis, la race des *artistes,* la race des *connaisseurs,* etc., etc.; enfin, les trois cents personnes de Paris qu'on rencontre partout et toujours, dont on a besoin, et avec qui il faut échanger des paroles.

J'ai vu les tableaux de fleurs et de natures mortes de tous les peintres flamands, français, italiens, mais je n'avais jamais vu de fleurs comparables à celles de Delacroix. Rien n'est plus réjouissant, plus brillant et plus joyeux. Heureux l'homme qui peut tenturer sa salle à manger d'œuvres pareilles; car Delacroix a peint cinq pendants et n'en a envoyé que deux, craignant peut-être, dans son humilité de grand génie, paraître attacher trop d'importance à des dessus de porte.

Delacroix, cette année, pour la première fois de sa vie, a refait un de ses tableaux, les *Femmes d'Alger,* tout au contraire de M. Ingres, ce bonnetier prudent, qui vingt fois sur le chevalet recommence le même petit tableau en supprimant un fauteuil, puis un personnage, puis un nez, puis laisse le tableau, puis le reprend, puis l'abandonne encore, signe assez clair de tâtillonnements méticuleux, d'impuissance et de doutes. Mais les *Femmes d'Alger* de 1849 sont vues mélancoliquement; les *Femmes d'Alger* de 1829 n'étaient que de riches créatures, vivant au soleil, vivant de soleil. Les rares fois qu'il m'a été donné de voir le lever du soleil, j'ai été heureux; mais quand du pont des Arts je vois le crépuscule qui s'avance de Passy, d'abord timidement, pour envelopper le pont National et s'avancer ensuite assez audacieux pour noyer de son manteau ceux qui marchent à côté de moi, je ne pense plus au lever du soleil. Tels sont les deux tableaux de Delacroix.

Le petit cheval qui suit l'Arabe étonne beaucoup de gens qui ne sont pas contents de s'être arrêtés devant le cadre sans avoir reconnu Delacroix. Le petit cheval est d'une finesse de jeune fille; il a les coquetteries d'une jolie femme. Cela m'a rappelé le vieux Franconi et ses terribles exercices de polka à cheval; seulement, la bête du vieux Franconi était en bois et à ressorts. L'écuyer rentré dans les coulisses de l'Hippodrome, tout le monde se disait qu'on allait ranger cet automate dans une boîte. Mais le cheval de Delacroix, plein de mines et de coquetteries, est vivant. Il suit gaiement son maître, qui marche gravement sans s'inquiéter des enfantillages et des joies de l'animal libre.

Ce qui était impossible à un écuyer avec une bête en chair et en os, un autre, avec un pinceau, une palette et une toile, le fait. Mais cet autre s'appelle Delacroix.

15 juillet 1849.

IV

PRÉAULT, SA VIE PRIVÉE ET SCULPTURALE.

Il a été donné cette année à un grand artiste presque inconnu du public la joie de montrer son œuvre. Préault, le type le plus remarquable du monde artistique, a enfin sa part de soleil.

Longtemps on s'était dit que Préault était une fiction créée par les membres de la Société des gens de lettres en assemblée générale.

Mais cette Société, toute spirituelle qu'elle soit, peut se réunir chaque année et verser son esprit le plus pur dans une fiole, afin d'en créer un *homunculus* intelligent ; jamais elle n'arrivera à former ce petit homme à l'œil bizarre, mélange de Figaro, de Michelet, et de plus sculpteur nouveau ; sculpteur nouveau, parce que Préault a appris la sculpture afin de ne jamais s'en servir.

Aussi, pendant dix-huit ans, l'Institut refusa-t-il les œuvres de ce fier génie qui se porte bien. Il aurait pu se tuer dix-huit fois.

Je sais qu'il fut soutenu par tous ceux qui avaient conservé la jeunesse et la fougue ; mais ce qui le sauva, ce furent ses œuvres. Préault comprit que des statues à l'état d'*orphelins* ne valent rien, rien qu'un feuilleton de M. Jules Janin.

Ah ! le beau drap de mort que ce critique a étendu sur le corps d'Antonin Moine, autre sculpteur de talent qui s'est suicidé ! Il n'y a pas deux prêtres à Paris comme M. Jules Janin pour vous enterrer avec pompe. Et les lacrymatoires discours qu'il fait sur votre tombe ! Seulement il aime tellement ce genre d'exercice, qu'il lui est arrivé de monter dans des voitures de deuil de *morts* qu'il ne connaissait pas.

Préault recula longtemps à cause de cette

idée : « Mourir, et penser que M. Jules Janin écrira sur mon compte quinze colonnes dans les *Débats!* »

Et comme il était petit, solide, trapu, l'œil étrange, il imita Brutus. Il joua à l'envers la *Lucrèce* du ci-devant Ponsard.

Préault ne passa plus chez ses confrères pour exercer l'état de sculpteur; on le crut homme d'esprit, homme faisant des *mots*.

Mais ce fut un redoutable conversationiste. D'une rare intelligence, d'une finesse dangereuse, il faisait souffrir le martyre à ceux qui lui avaient été hostiles. Sa parole n'eut rien de commun avec celle des *hommes d'esprit* qui étudient encore le code des Rivarol et des Champcenetz. Préault était net, brutal, lucide et mystique à la fois. Ceux qui comprenaient ces causeries jetées un peu partout, sur le boulevard, dans les théâtres, en soirée, ceux-là étaient des complices.

Les sculpteurs vécurent tranquilles en pardonnant à Préault quelques mots durs; ils se disaient : « Il fait des mots, il ne fera plus de sculpture. » Pendant ce temps-là, Préault continuait son comique rôle de Brutus; il dérangea sans doute la tragédie du dictateur de l'école du bon sens, *Sterling good sense*, car il en fit une bouffonnerie grotesque, goguenarde, imprévue comme la pièce des *Macaire*.

Il fit de l'art en secret, il dégrossit des statues aux heures où on se livre à l'alchimie. La République arriva et le sculpteur jeta le masque. Il y eut des citoyens très heureux de mettre un bonnet rouge. Préault arbora sa sculpture.

Plus de jury, plus d'entraves, plus de bourrelets. Et cette année, nous avons vu tous au Salon cette sculpture étrange, terrible et vraie, qui sera la sculpture de l'avenir, car Préault est un initiateur, initiateur partout, en peinture comme en poésie, en musique comme en sculpture.

Cette rare intelligence, les sculpteurs ne la lui ont jamais pardonnée. Les sculpteurs sont des maçons — quand ils ne sont pas des notaires.

L'exposition de Préault se compose d'un grand Christ en croix, du tombeau de Mme Petit-Loup, de la statue de la Douleur, d'un monument funéraire, de quatre grands médaillons, d'une collection de médaillons beaucoup plus petits. Encore quelques veaux jaloux, du jury des artistes, ont-ils rejeté une *Reine de Saba*, énorme médaillon en pied, qui aurait pu attirer trop directement l'attention sur le grand sculpteur.

Malgré le mauvais tour joué à cette Reine de Saba, Préault est tout entier au Salon. Il est fort et puissant, il est le maître et le roi dans cette orangerie, où se désespèrent ces pauvres figures de marbre, de bronze, de pierre et de plâtre envoyées par la sculpture contemporaine.

Et je dis plus. Préault n'aurait envoyé qu'un seul de ses petits médaillons, ce serait un événement. M. David, qui a essayé de faire des médailles avec tous les hommes célèbres du XIXe siècle, n'a jamais trouvé ce pouce fiévreux, qui ne recule devant rien, qui entre dans la beauté comme dans la laideur, qui pétrit de la chair, qui tord des cheveux de bronze comme de la soie, et qui vous illumine un œil comme avec de la couleur.

Préault *a un pouce,* qualité qui semble particulière à bien des hommes; c'est ce qui creuse un grand fossé entre lui et ses confrères estropiés. Les autres sculpteurs n'ont pas de pouce, dit-il lui-même.

Je voudrais pouvoir analyser toutes les autres sculptures de l'homme qui va, à partir de cette exposition, être plus insulté que son Christ en croix. Un homme a commencé, le critique Courtois. Je regrette d'avoir manqué mon coup il y a quelques années. J'avais attendu une heure dans un bureau de journal ce fils de conventionnel, plus sourd qu'une boutique de potier, afin de le faire rouler du haut d'un escalier. Ce Courtois avait insulté Delacroix; il a repris Préault cette année. Préault ne peut qu'en être fier; il aura beaucoup d'aboyeurs à ses trousses : c'est le baromètre de la force.

15 juillet 1849.

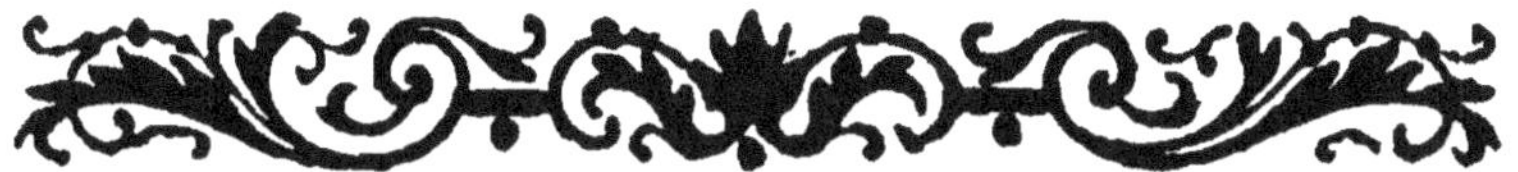

V

DAUMIER.

L'AUTEUR des dessins du *Charivari*, l'illustre et sérieux artiste qui laissera, comme le monument de l'an Ier de la République de 1848, sa galerie de *Représentants représentés*, Daumier, a attaqué la peinture avec le courage et la verve qu'on lui sait. C'est le *Meunier, son fils et l'âne* qui sert de texte au tableau ; mais le peintre a laissé ces trois acteurs dans le lointain, afin de mettre en scène trois grasses créatures qui s'égosillent de rire à regarder l'âne se prélassant comme un archevêque.

Ces trois villageoises, d'une énorme santé, ont tout l'accent des dessins populaires du maître qu'on appelle à tort *caricaturiste.* Daumier, pas plus que Gavarni, n'est caricaturiste.

Gavarni est un mélange assez singulier de dessinateur élégant et de littérateur; il cherche tout à la fois l'effet du mot de la légende et l'effet du crayon. Gavarni est la plus haute expression de l'art pour les amateurs du Jockey-Club. Au contraire, Daumier n'a jamais cherché à *plaire;* il est brutal, emporté, plein d'un comique puissant, et il peint le bourgeois dans sa cruauté stupide avec le mouvement et le dessin du mouvement.

Pas plus que Delacroix, il n'aura d'élèves; seulement il aura montré aux jeunes gens qui se sentent du courage et l'amour de l'art, ce qu'on peut faire avec une pierre lithographique, même dans un journal plaisant.

L'œuvre au crayon de Daumier restera comme la peinture la plus vraie de la bourgeoisie, avec la *Comédie humaine* de M. de Balzac. Mais les bourgeois ont eu là deux historiens rigoureux.

Les lithographies de Daumier ont été inspirées par la peinture; on ne saurait nier l'influence de Jordaens et de ses robustes qualités sur le crayon du dessinateur du *Charivari.* Daumier gémissait de se voir condamné à vie à la lithographie : la pierre polie, c'était son boulet. Et il se mit solitairement à faire de la peinture; sa première œuvre fut très remarquée, l'esquisse de la *République,* à l'École des Beaux-Arts. Le peintre, un peu douteur par trop d'intelligence, n'envoya pas son tableau au concours; cependant il lui était facile d'obtenir le premier prix, en regard de ces dames prétentieuses et de ces filles allégoriques qui osaient s'intituler : *République!*

J'ai été consolé de ce moment de faiblesse en voyant la fable de La Fontaine de Daumier, peinte avec une grande liberté; quelques-uns ne trouveront peut-être pas ce tableau assez *français.* Il est vrai que les trois joyeuses commères me rappellent de belles Maritornes espagnoles, plutôt par la physionomie que par la manière de peindre; mais ceci ne vaut pas la peine d'être discuté. Désormais Daumier appartient à la famille des maîtres; qu'il ne s'inquiète pas trop des chefs-d'œuvre anciens; qu'il se regarde en dedans, et il laissera de la peinture.

22 juillet 1849.

REVUE DES ARTS

ET DES ATELIERS

REVUE DES ARTS ET DES ATELIERS

LA *STATUE DE MARCEAU* PAR PRÉAULT*.

PRÉAULT est une des natures les plus singulières du monde artiste, où l'on rencontre tant de singularités. Spirituel et actif, nerveux et enthousiaste, symbolique et moqueur, donnant des coups de coude aux gens pour leur faire

C'était la future statue de la place Marceau, à Chartres. Champfleury rend compte ici de sa visite à l'atelier de Préault, rue Campagne-Première.

comprendre ses raisonnements, résumant une idée compliquée en un mot, par conséquent faisant peur aux gens qui emploient tant de mots sans idées, avec ce regard singulier que la nature lui a donné, il offrirait aux Allemands le sujet de nombreuses dissertations esthétiques.

Préault est l'*Hamlet* de la sculpture.

Il a eu le courage de faire le dernier morceau de sculpture romantique, la Clémence Isaure du jardin du Luxembourg, qui jure en regard de toutes les grandes dames de marbre ses voisines, froides et décentes personnes, sculptures de province.

A côté de cette sculpture, qui rappelle les eaux-fortes de Célestin Nanteuil pour la première édition des œuvres de Victor Hugo, Préault élevait un tombeau au cimetière des Juifs, silencieux comme le sommeil, mystérieux comme la mort. Les yeux creusés, un doigt sur la bouche, le Juif dit comme Shakespeare :

« Être ou n'être pas, voilà la question.

« Mourir, c'est dormir; rien de plus.

« Et dire que ce sommeil met un terme aux peines du cœur et aux mille douleurs que la nature a données pour apanage à cette chair!

« C'est là un dénouement que l'on doit ardemment souhaiter.

« Mourir — dormir; — dormir! rêver peut-être!

« Voilà la difficulté!

« Quels rêves surviendront dans ce sommeil, où nous avons dépouillé notre enveloppe mortelle? »

Préault apportait une telle inquiétude fiévreuse dans son travail, que six de ses amis, six artistes dont il avait exposé en 1849 les médaillons, furent pris pour des personnages des Contes d'Hoffmann.

Toutes ces inquiétudes, tous ces troubles de la vie, tous ces tourments de la pensée que le sculpteur avait jetés dans le *Christ en Croix* de l'église Saint-Gervais, se sont fondus devant la rayonnante figure de Marceau.

C'est la seule sculpture jeune que j'aie vue.

Le grand général républicain est plein de douceur et de fierté. Il s'appuie sur son sabre d'une main et montre de l'autre le traité de Coblentz. Ses longs cheveux sont rejetés en arrière; sa figure est remplie de patriotisme. Que d'art il a fallu pour faire une belle statue avec un costume de hussard! Mais l'enthousiasme invente des écharpes, des dolmans, des broderies, des plumets; toutes sortes de harnachements qui semblent plutôt du domaine de la peinture, et que Préault a su convertir en lignes imposantes et brillantes.

Il n'y a rien de plus ridicule que le piédestal de la colonne Vendôme. Je veux ignorer à jamais le nom de celui qui a sculpté en bas-relief des casques, des éperons, des cuirasses, des épaulettes, des habits de généraux. Les fripiers militaires, les marchands de bric-à-brac de garnison, les Auvergnats à la porte des casernes, composent leur étalage avec plus de goût.

Le tort de cette œuvre détestable, qui s'étale orgueilleusement au milieu de Paris, au pied d'un monument populaire, est de répandre dans l'esprit des artistes des maximes aussi fausses que celle-ci :

« La sculpture militaire est impossible. »

Mais vienne l'enthousiaste, il ne s'inquiète pas de l'impossible. Une ville de la province lui dit : « Faites-nous le général Marceau. — Une belle figure! » s'écrie-t-il. Il étudie les biographies, les portraits du temps; il aime son héros, il se passionne, il ne voit plus que lui;

il n'y a eu qu'un général, c'est lui; il était ferme, il était jeune, il était beau. Tout ce qui l'approchait devait être bon et beau. Ses habits sont les plus beaux; son sabre est beau, son plumet est beau, tout prend une tournure, les bottes, le pantalon!

C'est ce qu'on appelle avoir la foi.

Combien y a-t-il d'artistes qui ont la foi? Avec la foi, il n'y a pas d'œuvre mauvaise. Et elle s'applique à tout dans les arts; les Flamands qui croient à leurs fumeurs de pipes sont aussi grands que les Espagnols qui croient à l'inquisition.

Le chat de Chardin, qui se promène au milieu de la table chargée de nourriture, est aussi haut placé que le Moïse de Michel-Ange. La figure de Marceau sera admirée par tout le monde; peuple, soldats, bourgeois, femmes et enfants, tous la comprendront.

« Qu'il est jeune et beau! » diront en soupirant les jeunes filles, qui pensent aux figures de leurs rêves.

« C'est bien celui que nous avons tant pleuré, » diront les vieilles, qui ont lu les bulletins de l'armée.

« Voilà un général comme il nous en faudrait, » s'écrieront les soldats qui rêvent la bataille.

« Celui-là a été un brave républicain, » dira le peuple.

« Qu'il a l'air doux! » diront les enfants en courant autour de la statue.

Les artistes, les savants, les historiens, les hommes politiques, les poètes, tous seront contents d'avoir vu réaliser aussi complètement une des plus grandes figures de la Révolution, qui est en même temps la Beauté, la Jeunesse.

Je n'ai jamais vu qu'une sculpture qui m'ait produit l'effet du général Marceau. C'est le tombeau de la mère de Lebrun.

Dans une petite église abandonnée de Paris, à Saint-Nicolas-du-Chardonnet, en plein quartier Mouffetard, au fond d'une petite chapelle, se voit un tombeau élevé d'après les dessins de Lebrun. Le peintre de Louis XIV, qui est d'ordinaire pompeux dans ses décorations et ses plafonds, a trouvé peut-être dans la douleur que lui causa la mort de sa mère, un monument qui mériterait d'être plus connu.

La pierre du tombeau se lève; une main décharnée le soulève. Une vieille femme amaigrie sort lentement sa tête qui se dégage du suaire.

L'œuvre ainsi conçue serait magnifique par sa simplicité et son expression. Lebrun l'a un peu gâtée en voulant la rendre plus complète : dans le haut un ange sonne de la trompette. C'est le jugement dernier; mais l'ange est loin de valoir la main décharnée qui a tant de peine à soulever la pierre du tombeau, et cette tête pleine de souffrance qui reçoit le jour...

L'Événement, *17 mai 1851.*

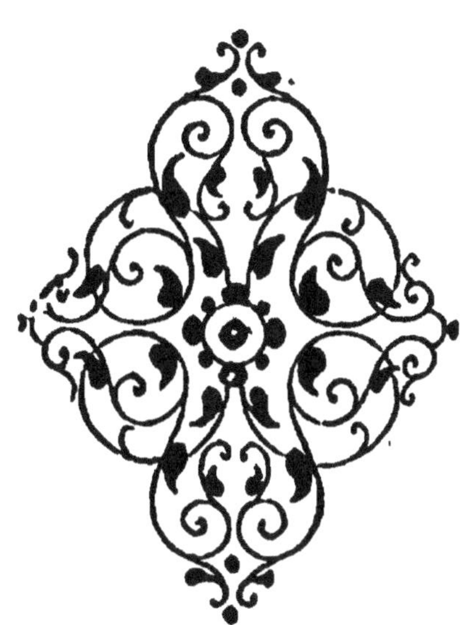

TABLE

TABLE

EXPOSITION DE TABLEAUX A L'ODÉON

REVUE DES ARTS ET DES ATELIERS

SALON DE 1849

REVUE DES ARTS ET DES ATELIERS

Achevé d'imprimer

le vingt-deux septembre mil huit cent quatre-vingt-treize

PAR

ALPHONSE LEMERRE

25, RUE DES GRANDS-AUGUSTINS, 25

A PARIS

3. — 1718.

www.ingramcontent.com/pod-product-compliance
Lightning Source LLC
LaVergne TN
LVHW010600110826
845149LV00003B/719

9782012760264